幼儿足球

训练游戏

张光元　陆大江　主编

复旦大学出版社

推荐序

　　本着"足球从娃娃抓起"的理念,当前我国正在大力提倡发展幼儿足球运动,通过足球让幼儿享受运动乐趣,养成终身运动习惯,促进幼儿基本运动能力的全面发展。《幼儿足球训练游戏》根据幼儿年龄发展特点、"快乐足球"的理念,结合大量教学案例提出了幼儿足球运动的具体开展措施。可以说,这是一本具有广泛应用价值、理论联系实践的著作。

　　该书有三方面内容。首先,该书介绍了幼儿足球运动的价值和当前国内培训的现状,从幼儿身心发展特点和教育规律上阐述了幼儿足球的课程、教学和运动防护,这些是当前校园体育关注的重要课题,同时也是国内幼儿足球运动的核心问题。其次,该书从实践出发,将足球运动的基本技术,如球性球感、控球、运动变向、射门等融合在简单的游戏中。书中结合丰富的案例,介绍了提高幼儿运动能力和基本足球技术的游戏,并插入了大量的图片和文字说明,为广大的家长、幼儿体育工作者提供了可靠的实践方法。最后,该书总结了学龄前儿童体质测试,从体质监测的定义、目的、意义、指标、测试方法和评分标准等视角进行梳理,这些理论也是我国体育科研的研究重点,相信这些能够给予幼儿家长和幼儿体育工作者更大的启发。

　　该书的作者张光元女士和陆大江教授都是潜心研究和实践幼儿足球教育的专业人士,张光元女士是从英国名校修读商科的高层次管理人才,归国后关注到国内在足球启蒙领域与国外尚有较大差距,结合国内发展实情,创办了国内首个由妈妈和孩子自己组建的足球培训机构,该机构尤其关注幼儿足球领域,运用国际化教练团队、"快乐足球"的训练理念和创新的儿童足球发展模式,得到了家长和孩子的一致好评。陆大江教授是上海体育学院知名教授、国家卫健委妇幼司儿童早期运动促进专家组成员、上海市青少年体育协会幼儿体育分会会长。陆教授长期从事体质与健康方面的研究,在本书中他将丰富的实践经验融入幼儿体质健康基础理论,将复杂的知识介绍得深入浅出、浅显易懂。该书可用作学前教育专业的教科书、幼儿体育工作者的参考书、幼儿家长的指导书。

　　该书是幼儿足球领域的宝贵财富,其内容可面向孩子、家长、教师等等,丰富了中国足球文化,特向读者们推荐!

秋　鸣

同济大学特聘教授

全国青少年校园足球教练员会主任

曾任中国国家男足科研教练

前 言

　　孔子说,"知之者不如好之者,好之者不如乐之者"。儿童,尤其是幼儿,是否会将足球作为一项终身运动,首先要看他们是否热爱这项运动。作为一个幼儿球员的母亲和一个儿童足球俱乐部的创立者,六年来一直陪着孩子们参加足球训练和比赛,我知道,孩子们踢球的目的很简单,就是获得快乐。

　　"快乐足球"在世界各国已经影响了大批极具个人魅力的球员,他们不仅成为了球场上能够决定比赛胜负的关键人物,还吸引了更多的孩子投身到足球运动中。

首先,什么是"快乐足球"呢?

　　就孩子的感受而言,"快乐足球"有四个明显的特征。

1. 孩子们渴望成为真正的孩子

　　儿童的成长规律决定了他们在成年之前,必须是孩子,他们需要循序渐进地发现足球的秘密。过早引入复杂的训练项目、超负荷的训练强度,将会引起孩子们的焦虑,增加他们的挫折感,将他们早早地驱逐出"快乐足球"的世界。请记住,孩子们在无压力环境下进行学习时是最高效的。

2. 孩子渴望自由地比赛

比赛是足球世界里最精彩和最快乐之所在！如果想让一个孩子爱上足球，就让他去比赛吧！一个孩子在比赛中所获得的感受和经验甚至能够决定他一生中会踢多长时间足球。请不要把成年人足球赛的规则、结果导向的比赛理念强加给孩子，因为当他们感受不到足球的自由精神时，他们就会离足球越来越远。

3. 孩子渴望游戏的权利

游戏是孩子们的生活方式。在训练场上，他们渴望"玩"足球，他们希望有更多的富于想象力和创造力的故事，在故事里，他们和英雄、大象、警察等角色一起挑战一个个闯关任务。

4. 孩子渴望获得成就感

孩子们渴望获得自我成就感。追求快乐教育，并不是我们放弃训练过程中的困难成分就能完成，我们同样需要教育孩子尊重规则、努力训练，不断克服困难取得进步，让孩子在进步中获得成就感，在成就感中体会真正的"快乐足球"，而不是一次次在失败中怀念往日的快乐。

这里，借用爱因斯坦的话阐释"快乐足球"的真谛："对于一切来说，只有热爱才是最好的老师。"然而，大家都知道和足球竞争的体育项目非常多，作为幼儿足球教练，需要想尽办法，把足球训练变成"快乐足球"，比如可以为孩子们组织有趣、适宜的Mini(迷你)足球比赛，可以帮助孩子们成为受欢迎的小球员，也可以把训练变成充满欢乐的游戏，全力以赴把孩子们留在足球俱乐部里。试想假如所有的中国足球训练都能成为"快乐足球"，国内参与足球运动的基础人数将大大增加，未来的球员数量与质量也将得到极大提升，在世界杯赛场上与国外强队一决高下也将不再遥不可及。

其次,什么样的教练能给孩子带来"快乐足球"的美好体验呢?

第一,作为一名教练,首先是一位儿童教育工作者。不仅要用自己对足球的热爱和激情唤醒幼儿对足球的热爱,还要看到足球和运动以外的事情,幼儿健全的人格发展永远是重要的目标。

第二,在孩子们的心里,教练也是他们信任的大朋友。教练需要让孩子们感知到,教练是一个可靠的谈话者,任何时候他们都可以敞开心扉和教练谈话,包括他们所有的烦恼和快乐。当他们和同伴产生矛盾时,教练还是调解员。

第三,教练还可以尝试成为孩子们的成长陪伴者,可以为孩子们提供足球领域之外的各方面建议。如果孩子和你讨论他今天的午餐,可以告诉他们什么是健康的饮食;如果孩子告诉你他不喜欢垃圾分类,可以和他们讨论保护环境的意义,也许还可以设计一堂环保主题的训练课。

第四,当然,教练还是孩子们的照顾者。教练要永远做第一个走进球场、最后一个离开球场的人。好的教练从不会让孩子单独滞留球场!要在每一次训练前做好安全检查,包括球场、教学装备、教练及孩子们的装束等,确保消灭所有的安全隐患。

第五,教练还是孩子们可靠的榜样。模仿是幼儿的天性,他们会观察、模仿教练的行为。请教练务必不要在孩子们面前吸烟、喝酒,让他们误以为吸烟、喝酒是很酷的行为。请一定使用文明礼貌的语言,不要让孩子把脏话和足球建立某种联系。一定要规范自己的行为,以身作则、言传身教,在任何情况下都起到模范作用,让孩子们学习正确的价值观和行为。

最后，教练能够在训练和比赛中给予孩子哪些合适的指导呢？

1. 训练

· 享受陪孩子踢球的时间，传递给孩子愉悦感；

· 设计适合孩子年龄的训练课程，让踢球变成有创造力、有想象力的运动；

· 公平地对待每一个孩子；

· 提供简单易懂的指导，不在指导和分析上占用过多时间，谨记孩子踢球的时间比教练指导的时间重要。

2. 比赛

· 设定适合所有孩子的比赛，多给孩子创造比赛的机会；

· 和孩子们一起约定比赛规则；

· 足球比赛的乐趣是基础，不要让孩子有成绩的压力，他们的体验比结果重要；

· 鼓励球队的每一点进步，看到每一个孩子的进步并鼓励他，即使失败了，鼓励也会成为他下一次拼搏的动力；

· 关心孩子的未来，不以今天比赛赢了、今天比赛很完美为目的，指导应以长期的目光来看，让孩子在运动方面能有长期发展。

　　基于对幼儿足球兴趣、技能培养的使命感，我们深入研究幼儿足球训练课程，在专家教授的指导下，完成了本书。本书阐释了"快乐足球"的训练理念，参考小赛虎足球俱乐部的幼儿足球课程目标、教学原则，将幼儿足球培训进行有效整合，形成了具有科学性、趣味性并循序渐进的幼儿足球培训体系。让训练和比赛适应幼儿的身心特征，而不是迫使幼儿适应已有的足球训练和比赛方式，从而让他们更好地享受足球运动。

毛泽东曾在《体育之研究》中说:"体育一道,配德育与智育,而德智皆寄于体。无体是无德智也。"在毛泽东眼里,体育是教育的最好方式。本书还深入阐述了"教与育结合"的创新的幼儿足球发展模式,分析了足球的教育效果,在每个足球游戏的设计中都阐明了其教育意义,把足球运动和幼儿心理培育及社会行为能力培养结合起来,让足球成为全面培育幼儿的有效工具。

本书共五章,第一章阐述了幼儿足球的价值以及目前幼儿足球培训的现状。第二章介绍了幼儿足球训练中可能遇到的安全和损伤问题以及处理与预防方法。第三章和第四章将幼儿足球游戏按照训练目标分成了两个部分,即以抓人游戏为代表的提高综合运动能力的游戏和提高足球基本技术的游戏,将系统的足球训练内容包装成一个个好玩的游戏,让幼儿在精彩有趣的氛围下不知不觉爱上足球。这两章包括 85 个足球训练游戏、85 幅训练模型图,为幼儿足球教练提供了丰富的资料。更重要的是,在这些足球训练游戏中,孩子们被当作真正的孩子来对待。在学校和俱乐部的训练中借鉴本书倡导的模式可以有效地保护孩子的运动兴趣不被抹杀。让他们能够更好地感受足球运动的本质。即使踢足球的绝大部分孩子不是足球天才,也会帮助幼儿拥有健康体魄,养成终身运动习惯,提高他们的德育和智育水平,帮助他们以后成为优秀的各行各业的领军人物。第五章是关于儿童体质测试的内容,教练和家长可以作为参考书,以便更好地了解孩子的身体质量,并安排适合他们体质的运动。

编写本书的过程中借鉴了很多出色的研究,对于借用的很多智慧成果,在此致以诚挚的感谢。尤其要感谢给予了特别帮助的专家与同人:足球界的前辈、同济大学特聘教授秋鸣先生,全国知名儿童体适能运动专家、上海体育学院教授、本书合著者陆大江先生,以及 George Petrovich、陈荣智、张凯、Danil、郭涛、韦理仁先生。此外,本书的绘图由张灵通、程思铭、岳世超和江伟列先生完成，整理和校对工作由麻慧婷和蒋子怡女士协助完成。还要感谢我的儿子大诚，他帮助我积累了大量足球教育实例，并且一直以来给予我精神上的支持和本书的编写建议。

编　者

目 录

第一章

幼儿足球运动概述

第一节
幼儿足球的价值

　　中国第一位体育教授、清华大学马约翰教授在《体育的迁移价值》一书中提出:"体育课程具有巨大的价值,即体力效果和教育效果两方面。体力效果是体育活动的直接效果,即通过体育活动和体育游戏提高学生的身体发育水平,比如身体素质、智力水平、运动能力等等;教育效果指体育活动可以培养学生的道德、性格、社会行为等等。"这方面,清华大学有不少的例证:著名科学家周培源在校时是中长跑运动员,参加过远东运动会。著名建筑学家梁思成是足球健将,单双杠和爬绳技巧也非常好。而著名生物学家汤佩松是一名出色的足球运动员,他的一生仿佛一场精彩的球赛,他使出浑身解数冲向一个目标,有如球员一心一意地要把球踢进对方的球门,这个球门就是他所说的"生命的奥秘"。他们一丝不苟地严守着科学家的竞赛道德,同时组成高度团结的科研队伍,在困难重重中,不顾一切私人利益,冲在别人的前面。体育和科研都需要坚韧、执着,强烈的目标感、使命感以及合作精神。

　　国际著名儿童教育专家、儿童关键期教育创始人殷红博教授历经 28 年研究得出结论:足球是促进幼儿全面发展的第一运动。足球可以为幼儿未来的体能素质全面发展打下最佳基础,对幼儿的专注力、观察力、记忆力、想象力、决断力的培养是其他运动所无法替代的,并且能有效地培养幼儿良好的性格、品质和行为等。

一、足球对幼儿生长发育的价值

（一）足球是培养幼儿终生运动习惯的最佳运动

钟南山院士说："锻炼就像吃饭一样，是生活的一部分，我们要建立一种观念，就是要一辈子运动，这样才能享有比较好的生活质量。"健康的生活方式、科学的体育锻炼让人终身受益。因此，选择一项自己喜欢的运动并长期坚持下去就显得尤为重要。那么，如何培养终身运动的习惯呢？

3～6 岁是人类运动认知、运动兴趣、运动习惯以及综合运动素质产生和发展的关键期。如果在这一时期得到科学、系统、及时的培养，幼儿在运动方面将会得到最佳的发展，并延续人的一生。

培养终身运动习惯造福的不仅仅是一代人。体育可以成为家风，而且这样的家风是可以传承的。比如钟南山院士的家庭，钟院士本人曾创造过 400 米栏全国纪录，夫人李少芬女士曾是中国女篮主力队员，女儿钟帷月曾经取得世界短池游泳锦标赛 100 米冠军，女婿费利伦曾参加过美国大学男篮联赛，儿子钟帷德是广州市第一人民医院医生，也是医院篮球队的主力。加拿大统计局健康部曾经研究过当地的一千多个亲子家庭，发现父母平均每天 20 分钟的运动量，孩子就会不知不觉地平均每天增加 5～10 分钟的运动量。

殷红博教授历经 28 年，在研究了 32 项运动项目后发现：足球的价值最大，并提出足球是培养幼儿运动认知、运动兴趣、运动习惯的最佳运动。

（二）足球运动能促进大脑发育，让幼儿更聪明

大量研究证明：爱运动的儿童比不爱运动的儿童更聪明！《运动改造大脑》一书的作者哈佛大学医学院教授约翰·瑞迪从 20 世纪 70 年代开始探索运动和大脑之间的秘密，经过 20 多年的潜心研究得出

"运动可以健脑，让幼儿更聪明"的结论。因为幼儿在运动时会产生多巴胺、去甲肾上腺素和血清素，这三种神经传导物质都和学习有关。多巴胺能够传递"快乐与兴奋"的信号，促使注意力集中，有助于提高幼儿的记忆力。去甲肾上腺素的分泌，能够让人高度集中精神，所以运动还可以增强幼儿的专注力。我们在幼儿足球工作中也发现，踢球后孩子学习效率更高了。

现代足球以快速为特色。不仅仅是动作要快，更要快的是脑部的决策力和认知。如果能够比他人更快速地感知和分析比赛环境，就能快于他人决策，也能在对手想出办法之前开始行动。足球比赛的形势瞬息万变，每个队员都必须每时每刻去面对新的情况。比如，球员一旦夺得足球，就要立刻决定射门或者把球传给另一个跑动中的队友，需要及时判断场上对手们（包括守门员）的位置和动作，并估算他们采取下一步动作的时间。这些决策促使队员在踢球过程中不断地创造新的认知挑战，依赖他们的感官在环境中收集、分析信息，然后做出一系列适当的响应动作。队员的方位和站位不断变化，他们的感知也就不断变化，球赛会时刻提供新的刺激，而这些变化是其他运动不能比拟的，因此幼儿在踢足球的时候，大脑能够保持高度的活跃，对幼儿的智力开发十分有益。

（三）足球运动促进肌肉和骨骼的生长发育，可以减少幼儿背部疼痛和运动伤害的发生

德国保险业 2017 年对儿科医生开展问卷调查，44％的医生表示，过去几年幼儿背部疼痛的几率有所上升。这主要是因为久坐不动，肌肉缺乏锻炼所致。幼儿有规律、不单一的踢球活动可以有效锻炼肌肉，让身体和背部更强健，减少背部佝偻、脊柱弯曲、背部疼痛的发生。

美国的儿童骨科专家也发现一种情况：在过去的 10 年中，越来越多健康幼儿的骨密度正在降低。这其中的原因在于,较以前的幼儿,他们户外运动大幅减少,日照不足,影响钙质吸收。而足球运动可以增加日照时间,阳光中的紫外线能促进维生素 D 的合成和钙吸收,有利于增加骨密度。

(四) 足球运动有助于提高幼儿的身体素质,并且促进幼儿身高发育

幼儿在足球运动中有大量的奔跑动作,在跑步、传球、射门的过程中,幼儿呼吸的深度加强,肺活量增加,肺功能得到强化。同时,足球运动会加速幼儿体内的代谢,使气血流通加快,肝胆、肠胃功能变得强劲,脾胃自然更加健康。

足球运动由于场地相对比较开阔,运动过程中,眼睛经常处于看远的状态,对于缓解眼部肌肉疲劳有着不错的效果;其次,随着球或者球员的移动,眼球不停地远近、上下、左右调节和运动,使得控制眼球运动的肌肉得到充分活动,改善功能。

足球是全身运动,可以改善血液循环,使幼儿的骨组织得到更多营养;足球运动产生一种机械刺激作用,促使骨骼生长加速;足球运动还可以刺激脑垂体分泌生长激素。此外,足够的运动量有利于幼儿的睡眠,促进生长激素分泌,从而促进幼儿身高的发育。

(五) 足球运动能够最大化地开发幼儿的身体机能,使得他们的敏捷性、平衡性、协调性和速度得到改善

在人的生长发育过程中,身体机能并不是以相同速度发展的,而是在某些时期发展速度相对较快,在其他时期则相对平缓,这就是所谓的"关键期"。7 岁之前,发展最快的是神经系统,而敏捷性、平衡性、协调性和速度与中枢神经系统的发育有着密不可分的联系。踢球作为一种游戏,提供了完美的神经刺激,能够帮助幼儿发展这些能力,几乎可以听到每个孩子的中枢神经系统在说:"哎呀,快快带上我去踢球!"

莫·阿·契列甫科夫在《儿童体育》[1]一书中指出:"要想发展儿童的速度,必须通过快跑、跳跃、逃跑与躲闪来发展。"踢足球时,有很多小伙伴会不遗余力地想要抢球、截球或阻碍对手前进,就会涉及大量的短距离冲刺、急停、躲闪、拼抢,然后恢复一下,继续加速,如此反复。所以应在幼儿足球训练中加入大量的抓人游戏,抓人游戏首先培养和训练的就是幼儿的速度和敏捷性。此外,足球训练中也会有一些手球游戏,可以锻炼幼儿的投掷和捕捉能力。

足球运动中还包含大量的动态跟踪。运动中的物体(如足球)穿过空气后会发生运动轨迹的改变,想要捕捉到它,幼儿需要用眼睛跟踪它,并用中枢神经来估算自己的跑动速度、距离和角度,同时支配肢体骨骼和肌肉做出准确的动作。幼儿不是天生就拥有做出这一系列完美动作的能力,正如所有运动技巧一样,需要通过实战经验来逐渐培养。足球恰恰提供了大量的实战经验,因为幼儿在踢球过程中需要不断地衡量球的速度、距离和轨迹,并做出恰当的决策。这些决策使幼儿可以充分感受自己的身体,并且一步步探索、感知、扩大自己的身体活动能力,这不仅可以提升速度和敏捷度,还能使他们的动作更加协调。

二、幼儿足球的教育效果

蔡元培先生说:"完全人格,首在体育。"体育,是这个世界上最基础、最美好的教育之一。而足球运动更具代表性,会让幼儿学习沟通和互助、竞争与合作,尊重规则,尊重队友和教练,承担责任,坚持不懈,成为具有社会责任感的球队一员。来到俱乐部,孩子们会发现,这些是他们首先需要学会的事情。

---

[1] 莫·阿·契列甫科夫.儿童体育[M].阎海,译.北京:中国青年出版社,1953.

　　德怀特·克拉默说:"训练可以根除坏习惯,同时养成好习惯。"作为幼儿足球工作者,如何更大限度地发挥足球的教育功能,帮助幼儿养成让他们受益终身的好习惯,是我们工作的重中之重。

(一) 勇气和自信心

　　足球冠军教练 Ivan Joseph 博士在 TED 演讲中说:"自信是一个球员最重要的技能,并且自信可以被训练出来。"显然,提高球员的自信心在所有年龄层的球员中都是一个无法避开的话题,而对于幼儿来说,自信心的提升,除了足球层面的意义之外,对于他之后的人生潜在影响也是巨大的。

　　然而,幼儿足球工作者都遇到过一个普遍的问题:幼儿可能在某些时刻突然变得不自信,因为有很多原因会消减他们的自信心。比如,一个叫大诚的孩子曾经告诉教练他不敢使用假动作,因为他有一次使用假动作失败了,被麦克斯当众嘲笑,很难过。教练了解到这也是很多孩子面临的困境,为了训练孩子们的自信心,教练在足球训练中设置了合适的场景和带有适度压力的训练目标,并且对挑战成功的孩子适时给予赞美,经过一段时间的训练,当孩子们都能完成教练设置的训练目标后,全队的自信心空前高涨。

　　德国国家队心理医师 Hans-Dieter Hermann 把这种方法叫作约定性训练。他在专著《竞技足球中的心理压力反应——概述与训练方法》一书中写到,约定性训练不仅可以提高单个球员在特定场景里的自信心,而且如果全队都能完成训练目标,全队自信心会马上焕然一新。幼儿足球教练们不妨试试这个方法。

(二) 坚韧

　　近几年来,整个美国教育学界被一种全新的理念所席卷,那就是,坚韧是取得成功的重要性格特质。美籍亚裔心理学家、宾夕法尼亚大学副教授 Angela Lee Duckworth 从 2005 年开始一直致力于研究性格对于成功起到的作用。她对数以千计的高中生进行了调研，并跟随西点军校、美国拼字比赛冠军、一流大学等进行观察和分析，她发现：无论在何种情况下，比起智力、学习成绩或者长相，坚韧是最为可靠的预示成功的指标。

以色列驻华大使馆副大使 Jonathan Zadka 先生 2020 年 3 月 17 日在《中国日报》刊文称："战胜疫情，中国人靠的是坚韧和努力。"阿瑟·史密斯在《中国人的性格》一书中说："坚韧是中国人的一个重要民族性格特质。"可见，坚韧无论对于集体还是个人来说，都是获得成功的一个重要因素。

坚韧并非与生俱来的性格特质，也是可以被培养和训练出来的。比如，足球活动中，教练可以设置适合幼儿年龄的挑战任务，多数幼儿会对挑战充满了激情，跃跃欲试，但是他们中的部分人在遇到几次挫折后会放弃，这个时候教练可以鼓励他们坚持下去，告诉他们即将到来的可能就是最棒的时刻。一旦孩子成功了，教练可以带着整支球队为他鼓掌、唱歌或者跳舞。

这样的锻炼可以使幼儿认识到，成功很少发生于第一次尝试。事实上，这通常是一段相当漫长的旅程，并且布满艰难险阻，困难、沮丧和无聊都是旅程的一部分。当幼儿认识到这一点，他们以后面对困难的时候就会更有毅力坚持下去。

（三）交流和互助

在训练和比赛中，面临失败和不如意是难免的。一个会交流情感的幼儿在内心上一定是强大的，强大的内心有利于保护幼儿免受很多伤害。而好玩有趣的足球训练可以帮助幼儿学习使用正确的语言和动作交流情感。

踢足球时，无论胜利还是失败，幼儿们都需要与各种感受打交道。比如，在射门成功后，幼儿们可以与队友击掌或者拥抱来分享他们的喜悦；在比赛开始前，幼儿们可以手手相叠喊口号加油打气；队友射门失误时可以拍拍他的肩膀来安慰他。2018年年底，俱乐部一支 U8[1] 精英队在一场艰难的比赛中点球获胜，当制胜的一球攻进对方的球门时，7个七岁的孩子激动得紧紧抱在一起很久，旁边的妈妈们见了也激动得流泪。那个时候，孩子们无声的拥抱就是一种很好的语言，表达了他们内心的激动。

教练在日常训练和比赛中可以通过一些小事来训练幼儿乐于帮助别人和接受帮助的行为。多数幼儿在球队里都很乐于帮助他人，接受帮助通常却比想象得更难。但是我们必须要让幼儿们学会接受帮助，让他们了解接受帮助是另一种强大，是一种很积极的心理状态。教练可以通过设计合适的游戏来训练幼儿乐于寻求和接受帮助的良好心态。比如，教练扮演猎人，所有幼儿同时无序地作为猎物跑来跑去，猎人突然喊"坐下兔子"，并拍其中一个幼儿的肩膀，被拍的幼儿需要马上坐下，并大喊"救命"，其他同伴可以通过"跑吧兔子"加上拍肩进行施救。游戏结束，教练可以带着幼儿们讨论：你们有没有遇到过想帮忙却又害怕的情况？当你需要帮助时会怎样做？

（四）规则意识

孟子说："不以规矩，不能成方圆。"这句话强调规则对于人们生活的重要性，说明如果不遵守规则将一事无成。从2300年前到今天，我们的祖先得出的理论仍旧适用于整个社会，规则意识在今天依然对孩子的成长具有重要价值。有研究者发现，4岁时家庭秩序建立较好的孩子在8岁时的数学水平较其他孩子更高；睡眠时间越规律的孩子，协作性越高，对学习活动越感兴趣。

当然，规则意识是不可能自动形成的，要依靠后天的教育和培

---

[1]　U8：英文 Under 8 的缩写，8岁以下的意思。

养。而体育,尤其是团体项目,是一种最好的教育手段。

有一次,在足球活动"南极大救援"中:全球变暖导致冰川融化,幼儿作为中国救援队队员需要"驾船"(带球)绕过由标志桶组成的"浮冰"去救出企鹅,但是有的幼儿只顾着相互之间的比赛,却将规则忘到脑后,驾船不断撞翻浮冰。在小结中,教练和幼儿一起讨论,制定规则,结果大家都同意,违反规则的人需要回到起点重新出发。面对这一"严重"的后果,幼儿们在第二次的游戏环节中,违反规则的现象大大减少了。参与制定规则不但有利于幼儿对规则的理解与执行,而且提高了幼儿独立自主能力,实现了从"他律"到"自律"的转变。

比赛也是一个非常好的教育幼儿的机会。要让幼儿明白,裁判就是朋友,要尊重裁判,因为有裁判,才能比赛;在踢球时要友好、公正、尊重规则,在规则中施展创造力,不能有意犯规。

(五)责任感

足球是一项团队运动,要求孩子们可靠、具有责任感。曾经有一个小男孩说:"我不会把球传给一个没有责任感的人,因为我不信任他。"他认为比赛要想赢,信任是最重要的,有责任感的队友才值得信任。后来我们探讨过责任感的话题,他的定义是,遵守时间约定,比赛时全力以赴,愿意与人合作。我们在长期教学工作中发现,参加足球运动的孩子往往较同龄人更具有责任感。

我们要通过足球让幼儿理解:我必须准时参加训练,我必须努力训练,这是我作为球队的一员必须承担的责任。否则,不仅我自己达不到目标,还会干扰整个球队。"我要对我的球队负责。"而社会责任感,也是他们将来踏入社会的必修课。

(六)团队精神

足球是一项每方有 11 个人参与的集体运动,纵使个人能力突出如梅西者,也不可能一次性过掉对方 11 名队员。2014 年世界杯决赛场上,前场巨星云集的阿根廷队最终不敌始终坚持团队打法的德国队。而在 2016 年夏季的欧洲杯上,缺少了克里斯蒂亚诺·罗纳尔多的葡萄牙队,硬是靠着一群普通球员拼出了个欧洲冠军,再一次印证了"团队精神"才是足球比赛取胜的终极宝典!

人类生活在一个以索取和给予为相互依存的生态系统中。不论在学习、工作还是生活中,集体都是非常重要的,我们要懂得去利用集体。足球则是诞生伊始就带着集体、团队和目标的烙印的。2 300 年前,当足球还只是个雏形的时候,古人就发现,足球运动可以帮助每个人在团队中找到自己的位置,并且为达成同一目标而努力。足球也因此成为培养社会能力的最佳方式。尤其在孩提时代,这种训练异乎寻常的重要。当所有孩子都怀揣着同一个目标在球场上拼搏,他们就深刻理解了什么是团队和团队合作的重要性,他们会明白:我是球队里真正的一分子,我要努力和大家合作,帮助球队取胜。所以,踢球可以帮助孩子学会尊重不同性格、不同国籍、不同社会阶层的其他同龄人。他们必须既要学会贯彻自己的想法、让他人承认自己,也要学会让步、承认他人。他既要能被领导,也要会领导别人。这样的学习过程能让孩子真正成为球队的一员,掌握真正的团队精神。另外,足球还和其他体育项目一样具有社会元素——一个足球不仅联系起了球队里的每一员,也联系起了球迷和观众。

近几年来,经济学家、教育家、心理学家和神经科学家等各个不同领域的专家普遍认为,决定孩子成功的最重要因素,并不是给幼年的孩子灌输了多少知识,而在于能否帮助孩子培养一系列重要性格特质,如坚韧、勇气和自信心等,以及让他们学会在团队中有正确的行为,这些都将影响其一生。通过组织各种各样的足球活动和游戏,幼儿足球工作者可以帮助孩子们养成良好的性格和学会正确的行为模式,这也是我们的工作目标。

第二节
幼儿足球培训的现状

一、幼儿是足球运动发展的基石

幼儿时期是儿童心智发展的重要时期,普及推广幼儿足球,培养运动兴趣、运动习惯和足球意识,对于厚植校园足球基础、培育足球沃土具有重要价值。少年强则国强,国运兴则体育兴。让幼儿们在足球运动中养成终身运动习惯、强健体魄、学习社会交往、提升人文素养、健全人格发展,不仅有益于他们未来的工作和生活,也对振兴中国足球具有重要意义。

3~6岁是培养未来行业大师的第一步和关键期。殷红博教授关于人类大脑发展关键期的研究表明:3岁时,人类50%~60%的潜能就已经充分表现出来,这时经过专业培训的专家能够大致观察到每个孩子不同的天赋,这些孩子天赋的水平可能相差10~30倍;而到7岁,人类70%~80%的潜能就已充分表现出来。7岁也许不到人生的10%,却几乎决定了人生的100%。要培养足球巨星第一步就是发现足球天才。而通过幼儿足球运动能够尽早地发现足球天才,使他们得到及时的培养,为发展校园足球打下良好的基础,同时为未来足球运动储备更多的人才。

幼儿时期养成的习惯爱好、心理感受、情感体验将会影响人的一生,从幼儿园时期就开始参加足球运动的孩子,更有可能一生保持对足球的热爱,也更有利于在全社会培育足球文化。足球文化氛围浓厚了,中国足球的振兴就真正有希望了。所以,幼儿足球是足球运动发展的基石,同时也是中国足球的未来。

二、培训现状

随着城镇化的不断推进,孩子们的生长环境已经从山水田间发展成了"都市丛林",这样的发展制约了孩子们秉承自然和从生活中学习的机会。越来越多的孩子不得不在电子产品和各类补习班中穿梭往复。因此,学校或者俱乐部组织的体育活动成了影响孩子们生活质量的重要因素。

遗憾的是,满怀期待来到足球俱乐部的孩子往往还要面临着幼儿足球培训世界里存在的现实问题。

第一,训练超前化。孩子们不得不接受原本为青少年甚至成年人所设计的训练方案,这些方案刻板、缺少乐趣、缺少系统性,没有按照幼儿自然的心理和身体特征来制定。只有孩子们取得了比赛的胜利,父母、俱乐部的管理者或者幼儿园才会认可教练的教学能力。教练于是不得不把大量的时间用于训练那些可以影响比赛结果的技术上。其结果是,一方面,过早引入复杂的技术或者项目,增加了孩子们的失误和挫折感,当孩子们不断经历失败时,他们会失去自信心和运动兴趣。另一方面,专注技术训练而忽略了培养孩子基础运动能力的练习。然而,只有幼儿时期经历了系统的训练,孩子们才能具有一定水平的敏捷性、协调性和平衡性等。几乎所有的运动科学家都认可这种培养模式,也提出了很多专业建议,但是很少有幼儿教练会使用这样的建议来制定训练方案。

第二,训练方法低效。教练由于自身的惰性或懈怠,不积极学习新的训练理念和方法,使得训练课刻板,缺少趣味性和科学性。游戏被认为是幼儿的生活方式,而创造力则被认为是人类最崇高的精神活动之一。可惜的是,很多足球教练不仅不了解如何激发幼儿这方面的能力,甚至在大多数足球场上我们还会看到扼杀幼儿想象力和创造力的训练方式。另外,很多教练倾向于继续采用旧的方法,甚至没有注意到所采用的方法在很多年前就被证明是不科学的或者错误的。只有少数的足球教练会跳出自身专业的局限,去学习儿童运动科学、儿童心理学以及体育教育学等相关知识,并结合国际前沿的儿童足球训练方法,全面提高个人的教学能力。

第三,不合适的比赛规则。目前,我们依然能看到,很多教练使用青少年甚至成年人的比赛规则来组织幼儿足球赛,孩子在比赛中很难有射门机会,甚至没有触球机会。而且,大多数的教练仍然以比赛的输赢来评判孩子的成功。在压力下,即使孩子们取得了比赛的胜利,他们对足球的热情却有可能受到打压,几年后,他们可能就放弃了足球运动。青少年儿童在无压力环境下进行学习时最高效。身体发育未成熟的孩子在每个阶段可参加的,应该是可以发挥他们自身能力的、量身定制的比赛。

作为幼儿足球教练,我们必须寻找到一个合适的培养模式,一个循序渐进的为幼儿设计的培养方案,这样的方案有利于他们在通往成年人之路上始终保持着对运动和足球的热爱之情,不断成长为越来越好的球员、越来越好的社会公民。

第三节
幼儿足球课程

当今,幼儿足球工作者要想挑战旧的足球训练理念,就需要更好地了解幼儿的特征,让孩子成为孩子,赋予他们应有的权力,设计更合适的足球训练方案和比赛规则,培养快乐而优秀的幼儿球员。

幼儿球员的权利:

(1)在游戏中训练的权利。

(2)在最安全的条件下参加训练和比赛的权利。

(3)获得教练、队友、对手和父母尊重的权利。

(4)被作为孩子看待的权利,不能被当作成年人一样对待。

(5)参加规则合适的足球比赛的权利。

(6)被公平对待的权利,无论在训练还是比赛中,享受教练同样的关注,享有同样的比赛机会,与年龄相仿、水平相当的孩子进行比赛。

(7)获取成功经历的权利。

一、幼儿足球课程的特点

2018年6月9日,由北京体育大学、首都儿科研究所与国家体育总局体育科学研究所共同制定的《学龄前儿童(3～6岁)运动指南

（专家共识版）》，原则之一就是要遵循幼儿的发展规律和学习特点进行循序渐进的培养，使幼儿日臻成熟。我们要尊重幼儿的身体和心理特征，抓住幼儿成长关键期，引导他们模仿、体验，并建立科学的、游戏化的、系统性的幼儿足球课程。

（一）科学性

让-雅克·卢梭说："自然决定孩子们在成年之前，他们必须是孩子。如果尝试改变这个自然规律，我们会造成一些早熟的果实，他们既不丰满也不甜美，而且很快就会腐烂。"自然界中，万事万物都有其发展规律。我们必须遵循自然生长法则，制订适合幼儿的足球训练和比赛计划，并且须与他们的身体状况、运动能力和心理特点保持一致，让孩子们科学地踢足球，循序渐进地成长。目前，儿童足球俱乐部越来越重视课程的科学性，有的俱乐部还尝试引进专业的研究机构为课程的科学性把关。比如，上海小赛虎足球俱乐部与同济大学在儿童运动能力测试方面展开科研合作，项目内容涵盖儿童身体指标测试、儿童运动能力测试、儿童足球水平等级测试。该项目的研究成果将被运用到课程设计中，帮助课程开发人员对儿童的身体发育规律建立良好的认知，为未来的儿童足球培训建立科学的指导方法，使足球课程更具科学性。

（二）游戏化

幼儿好动、爱玩、好奇心强和想象力丰富，每一个"小球员"都是一个真正的"探险家"。课程中，应抓住幼儿的这些特点，把足球游戏包装成精彩纷呈的故事，比如运送宝藏、怪兽城堡、绝地探险，让幼儿化身故事里的警察、侠客或者探险家，帮助他们以自己的想象力和创造力开启一次次足球探险之旅。让幼儿在精彩的游戏里熟悉和热爱上足球。由于幼儿注意力集中程度低，协调性和"战术"能力较弱，幼儿足球工作者要淡化输赢意识，切忌"拔苗助长"，不能进行超前和强化训练。幼儿足球领域的目标和儿童青少年的不同——不关注成绩，而关注快乐、参与度和人格培养。游戏属于幼儿最重要的工作，是他们重要的生活方式，要尊重幼儿游戏的权力，做到足球课程内容游戏化。

（三）系统性

幼儿运动习惯的养成、意志品质的建立、社会行为的规范不是一蹴而就的，而是要有一个持续的过程。因此，足球课程应考虑系统性。比如，小赛虎足球俱乐部总结了教学实践中积累的经验和测试中得出的大量一手数据，根据儿童在各个年龄段的身体特征和认知能力，结合国际上比较先进的儿童足球培养方法，制定了一个 3～12 岁儿童足球的体系化教育方案。在这个体系里面，每个年龄段都有一个适宜的训练方案，3 岁、4 岁所学的内容，在 5 岁、6 岁都必须有衔接，我们相信这才是科学的教育方案。图 1-1 呈现了小赛虎足球课程体系。

图 1-1　小赛虎足球课程体系

二、幼儿足球课程目标

马克思关于人的全面发展理论认为,"人的本质不是单个人所固有的抽象物,在其现实性上它是一切社会关系的总和"。我们从人的全面发展理论视角出发,深入剖析英国足球"四角培养模型"。该模型清晰地指出一名优秀足球运动员必须具备的四种能力:一要具备娴熟的足球专项技战术能力,二要具备稳定的心理素质,三要具备足球运动所需的卓越运动能力,四要具备良好的社交能力。这四个部分既相互独立、相互区别,又相互依托、相互补充,为儿童及青少年运动员发展成为优秀的足球运动员提供指导意见。

2017年,小赛虎足球俱乐部曾经面向630位3~7岁的幼儿会员家长做过一份关于"为什么带孩子踢足球"的调研,发现超过65%的家长选择"学习团队合作""提高规则意识""学会与人相处"等社交能力相关的选项。根据家长的调查反馈,参考英国青少年足球的"四角培养模型",结合中国足球文化氛围不浓的现状和人的全面发展理论,我们制定了俱乐部的幼儿足球课程目标(图1-2),从运动能力、足球技术、社会-心理技能、足球文化四个方面对幼儿进行培养。

运动能力:抓住幼儿生长发育的关键期,通过无球和有球游戏,培养他们的敏捷性、平衡性、协调性和速度。

足球技术:通过足球活动和抓人游戏等,让幼儿学习射门、带球和移动技术,提高球性球感。

社会-心理技能:通过足球游戏和任务,培养幼儿良好的性格特质,如自信、沟通和互助等,学习正确的社会行为规范,如规则意识和团队合作等。

足球文化:针对中国社会足球文化氛围不浓的特点,让幼儿从小了解有趣的足球历史、球星故事、足球规则,在他们的心里播下足球文化的种子。

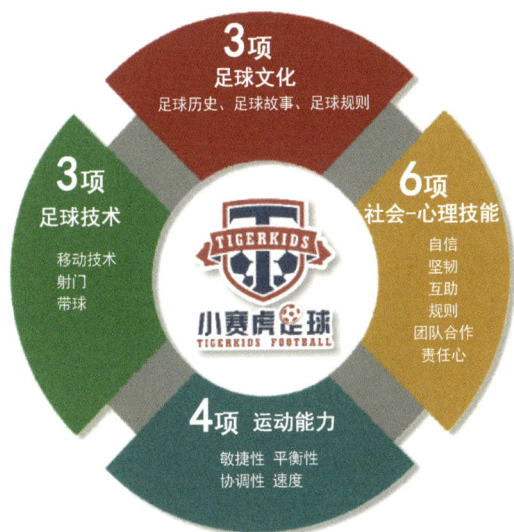

图 1-2 小赛虎幼儿足球课程目标

三、幼儿足球课程内容

虽然每一位幼儿足球教练都有一套自己的训练方法,小赛虎俱乐部还是在总结大量实例的基础上,将幼儿足球训练归纳为三类内容。

(一)种类丰富的身体活动,让幼儿的身体动起来

幼儿本性爱动,他们喜欢跑、跳、滚、爬……总是在动。过去,幼儿的活动更多更方便,因为这些活动是融入到日常生活中去的。那时候,幼儿主要的活动地点是在家门口的路边上、树林里、草地上或者其他空地上,幼儿们聚在一起玩他们自创或上一辈流传下来的游戏。随着时代的发展,这种适合幼儿的自由、天然的活动和游戏空间反而减少了。越来越多的住宅楼和街道密密麻麻地占据了幼儿们的活动空间。根据世界卫生组织(WHO)的准则,只有 21％的幼儿能

够达到当今体力活动（运动）指导手册的标准。研究发现，幼儿在闲暇时间里，每周有 20～30 小时坐在电视或电脑前。如果幼儿的活动空间已经因为社会发展受限，那么我们必须利用足球俱乐部让他们回归本真。

身体动起来在幼儿全面发展中有着重要意义。幼儿需要自己探索他们生活的世界，活动和游戏是幼儿进行探索的首要选择。一是能让他们认识自己、感受自己的身体，一步步探索、感知、扩大自己的身体活动能力；二是认识和探索新的活动空间、结识新的游戏伙伴、学习互助、练习尊重他人，也学会代表自己的利益；三是掌握新的技能、收获新的经验，自主解决运动任务中的困难，把不同的活动和任务结合起来。这一切都可以促进幼儿想象力的发展、促进幼儿快速加工感官信息的能力以及创造力。

因此，全面的身体活动在幼儿足球训练中享有最重要的地位，而且也占据每节课大部分的训练时间。全面的身体活动包括通过模仿猴子跳、企鹅走、乌龟爬等动作培养幼儿的身体机能，比如走、跑、跳、跃、滚、爬和平衡能力。还有一些能力是可以通过游戏及器械培养的，比如利用绳梯、跳圈、平衡木等。普通的抓人游戏和接力游戏也非常适合幼儿。通过不同种类的游戏和活动形式，幼儿可以感知自己的身体，积累有关身体姿势的经验，以及形成感知能力、协调性并改善方向感和球感等。

（二）足球游戏

要放手让幼儿去玩足球，对幼儿来讲，"足球 = 游戏"是最快乐的时光。在玩足球中，幼儿会慢慢熟悉和热爱上"足球"这个玩具。这里要注意的是，由于幼儿的年龄以及身体发育特点，针对幼儿的足球游戏规则绝不能和儿童青少年的一样。幼儿足球教练可以通过简单的任务来促进幼儿积累脚部对球的运动感知经验，或者将带球的协调性任务和小足球游戏结合起来。教练可以利用跳圈、绳梯、软垫、长凳、平衡木、训练杆、标志桶、标志盘和报纸组织适合幼儿的游戏和任务；让幼儿用脚部玩球，并完成不同的任务以改善球感；设置简单的跑动任务和抓人游戏来唤醒幼儿的运动热情；设计跑动结合投掷或者跑动结合射门的游戏来增强运动的趣味性。

（三）足球比赛

每一个幼儿足球队的教练都经常听到这个问题："我们今天踢比赛吗?"或者"我们什么时候才能踢真正的比赛啊?"幼儿对足球教练或者足球俱乐部的期待非常明显,站在他们身边,常会感到他们几乎每个细胞都在呼喊"踢比赛! 踢比赛!"。所以,在训练中插入分队比赛就非常重要。我们甚至可以这样理解:如果想让孩子爱上足球,就让他们踢比赛吧。

11 对 11 并不是唯一的足球比赛,幼儿需要有适合他们的比赛方式。可能是更小的球队,更小的场地,更小的足球,更短的时间,更简单的规则。小的球队,如 3 对 3 或者 4 对 4,这非常重要,可以刺激和促进幼儿的成长,因为每个孩子都会离足球很近,每个孩子都必须全力以赴,他们时时需要快速做出决策,思考是直接带球射门还是选择传球,应该传给谁。我们也需要为幼儿缩小比赛场地,一般来说,4对 4 的比赛场地为 10 米×15 米,这样幼儿会有更多的触球机会和更多的射门机会。比赛的规则要尽量简化,让幼儿能够理解。

即使是日常的分队比赛,幼儿也要遵循公平竞争的精神和比赛礼仪。不论输赢,比赛结束时都要握手,队友、对手、裁判都是足球比赛的重要朋友,要培养既能接受胜利也能接受失败的孩子。

第四节
幼儿足球教学

一、幼儿足球教学原则

首先,幼儿是孩子而非专业球员,因此要时刻谨记这一原则:让游戏和比赛适应幼儿,而不是让幼儿适应游戏和比赛。不仅是训练的内容,训练的时间分配和组织形式也应遵循这一原则。我们把这一原则称为"天性原则",并且在幼儿不同年龄段遵循"天性原则"进行教学。"天性原则"主要包含以下六方面的内容。

第一,避免让幼儿长时间等待。这个年龄段的幼儿耐心有限,因而组织"小"练习组很重要,也就是说,教练要把幼儿分配成多个小组,尽量让几个小组同时出发,这样每一个幼儿触球的机会会大大增加。教练还可以通过增加额外的活动和协调性任务让幼儿动起来,避免站着等待。

第二,教练要注重公平性。幼儿足球并不是为少数"天赋球员"特设的课程,而是适合广大幼儿参与的一类游戏,在教练眼里,每个幼儿同等重要,要以同等的方式对待他们,不带偏见。教练应以身作则,向幼儿传递公正公平的、积极的价值观。

第三,让成功成为可能。为了让每一个幼儿尽可能多地拥有成功的经历,需要让每一个幼儿有射门机会并降低射门难度,比如增加球门的个数,允许幼儿在球门正反两侧射门均可得分。这样就可以让幼儿多进球,让他们获得成功的经历,感受到自己的能量和潜力,以建立自信心。

第四,"小"足球原则。教练可以在训练中组建"小练习组"以减少等待的时间,增加活动的机会;把足球场划分为"小训练场",缩短到球门的距离,创造更多触球和射门机会;游戏和比赛中使用"小号足球"增强幼儿对足球的控制能力,获得更多成功经历。

第五,快乐原则。快乐是幼儿能持续参加足球训练的关键。课程内容越游戏化,训练越充满想象力、创造力,足球训练对于幼儿来说就越有趣。可以尝试发挥想象力和创造力以故事导入,然后放手让幼儿去玩球,让他们充分感受到踢球带来的快乐。一堂 60 分钟的训练课,可以把 15 分钟分配给技术和带球的协调性练习,45 分钟用于种类多样的游戏和比赛。

第六,"不仅仅是足球"原则。作为足球教练,不要只看到孩子运动和足球的事儿,而把孩子局限在训练和比赛上,要让孩子在足球游戏中学会表达和沟通,变得更自信,能够接受和享受输赢的感觉,放手让幼儿结交同龄朋友,鼓励他们融入团队和集体。

二、如何组织幼儿足球训练课

组织好一堂丰富有趣的幼儿足球训练课,离不开以下六个因素。

(一)时间

在特殊的日子设计一些主题课程,比如世界环境日的环保主题课、母亲节的亲子运动日、重阳节的敬老活动日、世界气象日的全球变暖主题课。借助这样的机会,向孩子传达正确的价值观,培养有社会责任感和公民意识的孩子,增强孩子在未来社会与人和谐相处的能力。

(二)场地

考虑到幼儿的年龄特点,可为幼儿球员缩小场地。小场地可让每个孩子触球机会更多,让比赛和训练更具开放性和进攻性。而身体条件弱但技术不错的球员也能通过小场地积累成功经验,获得成就感,增强对足球运动的兴趣。

(三)天气因素

原则上来说,除非遇到极端恶劣天气或者不可抗力,一般不宜取消训练。下雨、下雪、低温、炎热、大风,不代表所有人都得在室内度过无聊的时光。需要想办法让球员在雨天也能开开心心来训练,所以一些足球俱乐部专门设计了适合特殊天气的课程,保证幼儿能够享受安全、健康和快乐的训练。为了应对极端恶劣天气,小赛虎足球俱乐部还准备了一些理论单元,利用天气不好的时候学习足球文化、了解足球历史,或者开展球队会议,增强团队凝聚力。并推出了线上直播课程,在极端恶劣天气或者其他不可抗力发生的时候,孩子们可以在家参加足球直播课。经过一段时间的运行,教练们发现直播也是练习基本运动能力和足球基本功的一个好办法,而且有助于帮助孩子养成自我锻炼的好习惯。

(四)出席人数

俱乐部一般要求会员请假至少要提前 24 小时,以便教练每次上课前都能根据参加的人数制定合适的教学方案。但是,来训练的孩子突然增加或者减少的情况还是时有发生,采取的应对方法是:如果来的人突然特别多,就把他们分为小组,开展小组比赛或者进行巡回赛,也会开展各种抓人游戏;如果来的人少,那么我们推荐本节课采用游戏的形式进行训练。

(五)训练内容

训练内容丰富有趣不仅让球员们感到快乐,而且也能提高训练质量。我们不能把幼儿足球练习当作是青少年的足球训练。针对每一个单元,都构思出来一个故事,设计几个游戏,让练习充满乐趣。

每一个练习和故事的结合更会让孩子们爱上足球。

（六）训练器材

训练器材的变化多样也能为孩子们带来新鲜感，比如在连续一个月使用了绳梯练习协调性之后，将绳梯换成了跳圈，跳圈丰富的色彩、多样的摆放形式马上吸引了孩子们的注意力，他们都很欣喜，并跃跃欲试。

重复和规则是足球训练里不可或缺的因素，他们成就了孩子们喜欢的仪式感，但是往往也造成了足球训练的单调和乏味。而单调和乏味从来都不应该属于孩子。重新审视构成一堂足球课的六个因素，我们发现，针对每一个因素我们都有机会做出调整，给孩子们带来不一样的惊喜。所以作为幼儿足球工作者，需要精心地计划每一次训练，也需要时时用批判的眼光重新审视我们的训练方案。

三、如何组织幼儿足球赛

布伦达·李德说："训练对于技术的提高是非常重要的，但是在没有任何真实比赛场景参照之下的训练是枯燥和不切实际的。"好的儿童足球训练可以总结为这样一句话：让孩子们踢比赛！孩子们首先应该踢比赛，自由的比赛能让他们感受足球的魅力，也会让他们爱上学习足球技术。经历过许多比赛场景的孩子基础更扎实，比赛可以培养他们的观察力、创造力、预判力和决策力等。此外，幼儿们还可以从比赛中学习足球礼仪，学习遵守规则，尊重对手、裁判和观众，学习竞争与合作。

Mini 足球比赛是多数幼儿足球俱乐部的基本比赛方式，为了实现让幼儿更快乐地踢比赛的目标，可以参考 Mini 足球比赛的方法。

Mini 足球比赛组织法：

（1）比赛原则：公平、安全和快乐。每一个孩子都需要同样的比赛机会和时间；俱乐部需要进行球场安全检查，排除所有安全隐患，教练需要确认幼儿的装束安全，适合比赛；快乐是比赛的核心原则，一切规则都是围绕这一点来设置的。

（2）参赛球队可以有 2 名、3 名或 4 名幼儿，因为减少球员人数，受到干扰就较少，幼儿可以有更多的时间和空间完成动作，增加比赛乐趣；可以更好地培养幼儿之间的沟通和协作能力；让水平相对较弱的幼儿获得更多的踢球机会，减少挫败感，培养勇气和自信心。

（3）缩小比赛场地，例如 4 对 4 的场地可以设为 10 米×15 米，通过这样的改动增加幼儿的射门机会，提高射门成功率。

（4）设置不同的球门形式，如球门变宽，设置四个球门，教练也可以修改规则，认定后门进球有效。这些措施都可以大大减少射门难度，提高成功率和比赛乐趣。

（5）球门的器材可以根据现有条件灵活选择，如训练杆、标志桶等都可以被用作球门。

（6）根据幼儿年龄，比赛可以使用 3 号足球或者 4 号足球，增强幼儿的控球能力，让他们感到可以随心所欲地控制足球，更好地享受比赛。

（7）比赛可以分为 2～3 节，每节 5～10 分钟。

（8）比赛规则：简单易懂为首要目标。没有边线球、脚球、点球或越位等，只需要明确进攻方向、进攻目标和保护目标。比赛中要友好、公平、遵守规则，打人骂人属于犯规行为，教练需要对幼儿进行正确的引导。可以设置绿卡鼓励比赛中出现的一些符合球队价值观的好行为,如关心别人、不怕挫折等。

(9) 比赛不需要排名表,不关注输赢。

(10) 考虑到每一个幼儿的积极性,在比赛中尽量为他们创造得分机会,让他们多经历成功。

(11) 比赛结束后及时进行总结,教练尽量向幼儿提出开放式的问题,引发幼儿的思考。

比赛经验对于幼儿的成长非常重要,比赛是最好的逆境教育,孩子们不仅要接受胜利,还要学会接受失败,这样才容易形成乐观和坚韧的品格来应对未来人生中可能出现的逆境。他们也较同龄人更能理解规则的意义、团队的价值,知道与人进行合作的重要性。作为俱乐部,经常创造比赛机会,不仅满足了孩子们的期待,也非常有利于促进孩子们的全面发展。小赛虎足球俱乐部的比赛就有很多种形式,除了日常训练的分队比赛,还有杯赛、联赛、友谊赛、邀请赛、公益赛等。

小赛虎足球俱乐部每年两次的杯赛还特别安排了升国旗仪式和孩子们的入场式,这两场比赛也因此而更加盛大和庄重。为了让比赛变得更有趣,我们在比赛中组织了各种各样的活动,比如亲子障碍挑战赛、爸爸足球赛,还有各种各样的游戏,这一天不仅是比赛日,也是一场盛大的家庭活动日,很多家庭都是举家出动,其中很多父母还会作为志愿者为孩子们提供帮助。孩子们都非常珍惜这样的比赛机会,训练的时候,常常会有孩子问教练:"我们什么时候踢大比赛? 有国旗的那个大比赛。"因此,这两场比赛每年都有数千个家庭参与。

四、如何培养幼儿足球仪式感

生活需要仪式感,仪式感会带来幸福感,足球也一样需要仪式感。对于孩子来说,仪式感有更重要的教育意义,而且这种意义并不局限于足球,也是培养儿童社交能力的重要途径,会让他们受用终身。

不断重复的仪式感让儿童足球训练和比赛更安全、更团结、更规矩,也更公平。儿童在接受仪式感、要求仪式感的时候,才会理解规则,从而选择正确的行为。然而,很多教练选择忽视甚至抵制仪式感,他们认为仪式感浪费时间,有些人甚至认为这些仪式感是形式主义的象征,限制了孩子的自由。

小赛虎足球俱乐部致力于从小培养孩子的仪式感,要求教练在幼儿足球训练中有意识地、合理地加入仪式感,让仪式感成为幼儿足球训练中重要的一部分。

足球仪式感培养:

➤ 训练日,教练提前半小时到达球场等待孩子们,见到孩子的时候,教练会用友好的语气问候每一个孩子,并且和孩子握手或者击掌。

➤ 孩子们在球场见到了同伴会互相问候。

➤ 游戏和训练之前,教练和孩子们围成一圈,教练祝愿所有孩子训练愉快。

➤ 正式比赛前,全体教练、小球员和家长一起跳小赛虎热身操。

➤ 上场比赛之前,教练和全体队员围成一圈把手摞在一起,队长带领队员大喊三声"小赛虎加油!"。

➤ 下场时,孩子们会击掌并祝愿对方"一切顺利"。

➤ 射门成功后,互相拥抱庆祝。

➤ 比赛结束后,孩子们手拉手向家长鞠躬,感谢家长的支持和陪伴。两支球队互相握手告别,球员和裁判握手告别。

➢ 当孩子们离开球场时,教练用鼓励的话语同每一个孩子告别。

➢ 此外,每个孩子可以有一周时间佩戴队长袖标,轮流执行。队长在训练时负责带领球队一起加油,结束时带领球队感谢家长,离场前帮助教练整理装备。

仪式感是属于足球的重要的一部分。成年人足球的仪式感需要从幼儿阶段就开始培养。特定的流程在幼儿足球教学中不断重复和渗透,让孩子们习惯这些仪式感,这样才能让孩子在足球中受到良好的教育,也能达到最好的效果,这也是培养幼儿社交能力的重要工具,作为足球教练,我们要好好利用。

五、如何积极地与幼儿沟通

幼儿足球教练必须制定适合幼儿身心发展规律的训练方案和比赛规则,要让他们感受快乐,取得进步,获得成就感。同时,也要注重使用适合幼儿的沟通方式。

与幼儿沟通技巧:

➢ 让课堂充满"三声":孩子们的笑声;教练的鼓励声;充满惊喜的赞叹声。

➢ 使用合适的肢体语言与孩子沟通:经常竖起大拇指表示赞美和支持;拍拍孩子的肩膀(应注意力度)表示关注;与孩子击掌庆祝他们的成功。

➢ 多鼓励和激励孩子,创造激情。

➢ 表扬孩子时要有明确的内容,而不是泛泛的"你真棒"。

➢ 在为孩子提建议时,试试使用三明治方法。

➢ 经常一起加入孩子们的游戏或者活动。

➢ 经常与孩子谈心,做他们信任的朋友。

➢ 在训练和比赛中经常使用开放式的问题向孩子提问,刺激孩子的大脑发育。

➢ 不怕"问题儿童",鼓励孩子多提问,提问的过程也是孩子思考的过程。

第二章

幼儿足球运动防护

3～6岁是人类运动兴趣、运动习惯及许多运动机能发展的关键期,这个时期建立起来的运动兴趣、运动习惯、运动认知将持续一生,而足球是培养幼儿运动兴趣、运动习惯的最佳运动之一。

在培养幼儿运动兴趣与运动习惯的过程中,最为重要的是确保幼儿在运动过程中得到全面的安全保障,尽最大努力避免幼儿在运动中受到损伤。

所幸在幼儿阶段,个人冲撞力量较小,幼儿足球比赛的激烈程度和身体对抗程度与青少年或成人足球运动相比要低很多,所以幼儿在足球运动中受损伤的概率很低。即便如此,依然强烈建议幼儿足球教练在上岗前接受急救培训,掌握常见损伤的初步处理方法。令人欣喜的是,越来越多的俱乐部意识到了这一重要性。比如,小赛虎足球俱乐部就制定了严格的安全培训计划,并定期邀请体育学院的教授和红十字会的专家前来开展专项培训。

第一节
幼儿足球常见运动损伤及处理方法

运动损伤是指在进行体育活动过程中产生的身体损伤。通过多年教学实践,我们发现以下损伤现象在幼儿足球运动中较为常见:皮肤擦伤、踝关节损伤、骨折、肌肉损伤、肌腱损伤以及其他损伤。

一、常见损伤的处理原则

运动损伤出现后,需要马上进行临场处置,以避免损伤加重或重复受伤,为损伤的修复打好基础。目前竞技体育界常规的做法是遵循 RICE 原则。

R:是英文 Rest(休息)的缩写,是指要求运动员停止受伤部位的运动。避免加重受伤程度,受伤后好好休息可以促进较快地复原。

I:是英文 Ice(冰块)的缩写,是指将冰敷袋置于受伤部位。受伤后 48 小时内,每隔 2～3 小时冰敷 20～30 分钟。无冰时,先用冷水冲洗。注意时间不宜太长,以防冻伤,尤其是关节处。预防措施:避开恶劣的天气,减少室外运动。

C:是英文 Compression(压迫)的英文缩写,是指压迫使伤害区域的肿胀减小。以弹性绷带包扎于受伤部位,如足、踝、膝、大腿、手或手腕等部位,来减少内部出血。

E:是英文 Elevasion(抬高)的英文缩写,是指抬高伤部加上冰敷与压迫,减少血液循环至伤部,避免肿胀。伤处应高于心脏部位,且尽可能在伤后 24 小时内,抬高伤部。当怀疑有骨折时,应先固定在夹板后再抬高,但有些骨折是不宜抬高的。

二、常见损伤的处理方法

(一)皮肤擦伤

常见级别:★★★★★

皮肤擦伤是指皮肤表皮层因受到摩擦而造成的以表皮剥脱为主要改变的损伤,又称表皮剥脱。在幼儿足球运动中经常会出现皮肤擦伤的现象。

擦伤原因：

足球运动中，幼儿在奔跑和移动时不可避免会出现摔倒或者彼此间身体接触的现象，这都可能导致擦伤。

教练应掌握的初步处理方法：

（1）对小面积的擦伤，用碘伏擦拭处理即可。不建议使用酒精，因其引起的刺激性疼痛较为强烈。

（2）大面积擦伤，需要用生理盐水冲洗伤口，清除异物，保持干燥。

（3）出现流血较多的现象时，需要先戴上无乳胶检查手套，再按以下步骤顺序操作：

用干净的敷料覆盖伤口；

出血得到控制后，用水流冲洗；

用绷带包扎伤口；

取下手套并丢弃。

（二）踝关节损伤

常见级别：★★★★☆

踝关节扭伤，通俗地讲就是崴脚，崴脚是所有受伤类型当中最普遍的单一类型损伤。崴脚的本质是由于外界作用力被快速侧向扭转，导致肌肉、肌腱、韧带甚至骨骼受损的一种急性运动损伤。最常见的崴脚是脚心朝内的崴脚，最常见的损伤是脚踝外侧的两条韧带的撕裂伤，而脚心朝外的崴脚比较少见。

踝关节扭伤原因：

造成踝关节损伤的内在因素主要有运动前不热身，单腿平衡能力弱，不正确的跳跃落地姿势、跑步姿势，髋关节力量弱等；造成踝关节损伤的主要外在因素则是运动场地平整程度低、湿滑程度高，以及天气、比赛的激烈程度和身体对抗程度等。

教练应掌握的初步处理方法：

首先请幼儿坐下或躺下，为幼儿脱下球鞋，查看幼儿扭伤情况，然后用冰袋冷敷痛处，固定脚踝并垫高，之后每隔10分钟检查一次脚踝、脚趾的血液循环情况。如有骨折的可能，应立即前往医院检查。

（三）骨折

骨折是指骨结构的连续性完全或部分断裂。幼儿足球运动中最为常见的骨折情况是桡骨骨折和锁骨骨折。

1. 桡骨骨折

常见级别：★★★☆☆

桡骨骨折，通常是由于幼儿跌倒时腕关节与桡骨远端（近腕关节）移位引起骨折。表现为腕部肿胀、压痛明显，手和腕部活动受限。

桡骨骨折原因：

造成桡骨骨折的内在因素主要有运动前不热身、上肢力量弱等；而外在因素则是运动场地湿滑、不够平整，比赛激烈、身体对抗程度强等。另外，幼儿摔倒时手部着地的部位与力度也是一个重要因素。

2. 锁骨骨折

常见级别：★★☆☆☆

锁骨骨折是指锁骨受外力作用发生骨折的情况，其骨折发生率占全身骨折的5%～10%。

锁骨骨折原因：

间接暴力造成的锁骨骨折比较多见，如跌倒时手或肘着地，外力自前臂或肘部沿上肢向近心端冲击；而肩部着地撞击锁骨外端造成骨折更常见。

教练应掌握的初步处理方法：

发生骨折现象，教练应立即拨打120急救电话，争取在最短的时间内送幼儿去医院处理。在等待急救人员赶来的间隙,应密切观察幼儿的症状,如出现面色苍白、出冷汗、脉搏细弱、血压降低等症状的时候,应把幼儿的头部置于低位,并注意肢体的保暖。

如有出血现象,应立即做止血处理,可以先用无菌纱布或未用过的干净毛巾压住伤口,防止在运送的过程中创面受到污染。如果有骨的断端暴露在皮肤外,不要挪动它。如果出血较严重,可用橡皮筋管、橡皮带缠绕骨折的肢体,以压迫止血,但要注意每隔30分钟左右放松一次,以免影响血液循环导致骨折的肢体缺血。当救护车不能及时赶到需要自行前往医院时,应先将患处用夹板固定,如无夹板可用薄木板或竹板代替,注意夹板一定要足够长。

(四)肌肉损伤

肌肉拉伤主要是指由于突然的外力作用,直接或间接地造成肌纤维的过度拉伸,导致肌肉张力过大,造成损伤。幼儿足球运动中常见的肌肉损伤出现在大腿后群肌、大腿内侧肌群等部位。因为幼儿身体柔韧性较好,肌肉损伤在幼儿足球运动中发生的概率很低,但教练们也不能掉以轻心,以下两种肌肉损伤还是会小概率出现。

1. 轻度肌肉拉伤

常见级别:★★☆☆☆

轻度肌肉拉伤是指肌肉被过度拉抻造成肌肉微细损伤或少量肌体纤维断裂,受伤部位感到疼痛、肿胀。有些表现为在运动时出现明显疼痛,休息时候疼痛缓解或消失,有些则表现为在用力按压时才会引起疼痛,外表看起来较为完好,生理功能不受限。

损伤原因:

肌肉损伤的内在因素主要有运动前不热身或热身和牵拉不充分,肌肉的生理机能尚未达到适应运动所需要的状态,身体处于疲惫状态等。而外在因素则主要是运动场地不平整、湿滑,以及天气、比赛的激烈程度、身体对抗程度和幼儿身体拉抻程度等。

2. 中度肌肉拉伤

常见级别：★☆☆☆☆

中度肌肉拉伤是指肌肉被过度拉抻造成部分肌纤维断裂,表现为皮下出血明显,患部外表肿胀,压痛明显。

损伤原因:

与肌肉过度拉抻的原因相同,且损伤情况更为严重。

教练应掌握的初步处理方法:

请幼儿坐下或躺下,查看幼儿损伤情况,立即用冰袋冷敷患处,并用弹性绷带固定。然后,应带幼儿前往就近的医院检查。

(五) 肌腱损伤

常见级别：★☆☆☆☆

肌腱损伤表现为肌腱部分撕裂或完全断裂,根据损伤发生的进程可以分为急性和慢性,在幼儿足球运动中需要反复突然跳跃或冲刺时,偶尔会造成急性肌腱损伤。

损伤原因:

由于肌腱组织血液供应较少,高强度运动训练往往导致肌腱疲劳性损伤积累,肌腱弹性降低、力学性能变弱,在大负荷强度甚至生理负荷强度下导致肌腱断裂。

教练应掌握的初步处理方法:

首先请幼儿坐下或躺下,查看损伤情况,立即用冰袋冷敷患处,并用弹性绷带固定。然后,带幼儿前往医院做进一步检查。

(六) 其他常见损伤

1. 鼻出血

常见级别：★★★★★

因外力碰撞导致的鼻子流血。

损伤原因：

由于外力碰伤鼻子等使鼻腔黏膜血管出现破裂,导致鼻子出血。

教练应掌握的初步处理方法：

通过语言安抚,缓解幼儿紧张情绪。若少量出血,用棉花球塞入鼻孔;中量出血,让幼儿呈坐位或者半卧位,举起上肢,用手指将鼻翼向鼻中隔方向按压 5～15 分钟;大量出血,出现休克现象,让幼儿头低脚高呈平卧位,立即拨打 120。若血液进入口腔,要让幼儿尽量吐出。

2. 中暑

常见级别：★★★★★

中暑是在暑热季节、高温和(或)高湿环境下,由于体温调节中枢功能障碍、汗腺功能衰竭和水电解质丢失过多而引起的以中枢神经和(或)心血管功能障碍为主要表现的急性疾病。

发生原因：

炎热天气下幼儿饮水量不够、阳光直射下运动过久、幼儿当天身体状态不佳等。

教练应掌握的初步处理方法：

将幼儿移至通风阴凉处休息,使其平躺,松解衣扣,脱去身上衣物;注意通风,用风扇、吹风机散热,不可猛然浸入冷水或冰水。轻度中暑教练处理即可,如有晕厥休克可能,应立即拨打 120。

第二节
幼儿足球运动损伤发生的原因及预防办法

为了预防幼儿足球运动中可能产生的损伤,每个儿童足球俱乐部都会投入较大的人力物力来做好充分的准备工作。本书参照小赛虎足球俱乐部的一些做法来进行探讨。

一、制定科学训练方案

如果俱乐部没有统一的教学大纲和教材,每堂课的训练方案由教练自行制订,而教练可能因为缺少理论知识和数据指导,制订的训练方案不科学,导致运动损伤的发生。针对这一点,小赛虎俱乐部的做法有:

(1) 设置专门的课程研发部门,负责牵头课程研发工作的技术总监要求具有体育教育专业的学位,拥有丰富的儿童生理学知识和20余年的一线儿童足球教学经验。

(2) 与同济大学国际足球学院在儿童足球教研方面达成合作,以便通过数据分析为俱乐部的教育培训建立科学的课程体系,避免运动损伤的发生。

(3) 聘请儿童运动领域的专家担任顾问,为课程研发工作把关。

二、形成正确安全防护观念

教练可能对足球运动的安全意识不足,没有形成正确的安全防

护观念,训练方案缺少科学规划,对幼儿身体对抗的激烈程度和可能发生的危险预估不足。针对这一问题,俱乐部的主要应对策略有:

(1)加强教练的运动科学理论培训,完善教练的知识体系,使指导方法更科学。

(2)使用标准化的教材和教学大纲,保证训练遵照儿童的身体及生理特点,在一定的框架内循序渐进地进行。

(3)每周安排统一的备课磨课,所有的训练方案都要经过讨论和审核方可实施。

(4)加强教练的安全和急救培训,每次训练都要准备好急救包,以备不时之需。

三、制定并严格遵守安全守则

幼儿运动场地、运动装束可能存在安全隐患,或者被安排在不适合的天气训练。针对这一点,俱乐部要加强对教练的安全培训,制订安全守则。教练首先要保证自己着装安全、适宜;到达球场后第一件事就是对球场进行安全检查,排除隐患;在训练前则需要对幼儿装束进行检查,发现衣服过松、过紧或者未佩戴护腿板等问题须及时纠正。此外,俱乐部还配备专职人员定期对场地进行安全检查,对危险因素做出警示并提出整改意见,消除安全隐患。关于天气问题,俱乐部也有详细的规定。在此须特别提醒的是,如果遇到打雷应立即停课,并且把孩子转移到安全的区域。

四、避免过度训练

过度训练易导致运动损伤。幼儿在运动节奏上缺少自我调节能力,运动时通常全力奔跑,坚持时间较短,十几分钟便感到疲劳。如果教练未及时注意到幼儿疲劳状态,仍继续进行训练、比赛,极易造成幼儿的运动损伤。所以,教练不仅要有丰富的理论知识,还要在训练中高度关注幼儿的状态,适时调整运动强度。也有个别教练为了追求成绩会给幼儿安排不符合其年龄段的超额运动量导致幼儿运动损伤。对此,建议幼儿足球教练一定要淡化"输赢"的念头,而应将幼儿的安全和健康放在第一位。

五、让幼儿具有运动防护意识和方法

如今,孩子们宅在家里的时间越来越多,缺少必要的户外运动,导致他们的运动机能较弱,如在敏捷、速度、平衡、力量等方面较差,在身体对抗中更易摔倒和受伤。部分幼儿缺少基本的运动防护意识和方法。所以,俱乐部采用的是"体适能"+"足球"+"比赛"的三位一体的课程体系,在体适能课程中设置了很多单元,通过各种各样的游戏来唤醒幼儿的身体机能,让孩子在不知不觉中学会正确的运动姿势,比如,如何摔才能保护自己。

第三章

训练综合运动能力的游戏设计

第一节
抓 人 游 戏

　　踢球的孩子一般从 3 岁开始玩"抓尾巴"游戏,即使已经玩了五六年,依然乐此不疲。如果问他们"最有趣的足球游戏是什么?"很多孩子依然会脱口而出"抓尾巴"。"抓尾巴"是最经典的抓人游戏。那么,令孩子们无比喜欢的抓人游戏背后到底隐藏着什么? 为什么幼儿足球训练那么强调抓人游戏?

　　抓人游戏的种类非常多,并会给参与者制造无尽的紧张、刺激和快乐。每一个在训练中给幼儿设计了抓人游戏的教练,都会听到孩子们银铃般的笑声,看到他们灿烂的笑脸。无论是因为弹钢琴还是因为数学思维课而疲倦的幼儿,都会在一个抓人游戏之后开心起来。

　　抓人游戏的精神非常简单:一个或多个幼儿必须在一个特定的空间内抓住其他幼儿,抓到的人数多,得分就多。简单的规则却能锻炼幼儿们多种多样的能力:首先,抓人游戏培养和训练的是幼儿的速度和敏捷度。速度要快,要会变换方向,还要躲闪开抓人的对手——这些都是足球运动员需要的特质和能力。其次,抓人游戏能提高幼儿的空间感和定位能力。最后,抓人游戏是足球比赛中进行 1 对1 对抗训练的最佳选择。

　　当两个抓人的幼儿一起合作时,抓人游戏就变成培养团队合作能力的方式。因为他们只有协商合作,才能迫使对手进入无处可逃的境地。

1 **游戏名称：抓尾巴**

锻炼目标：

（1）足球相关：变向、防守。

（2）运动能力发展：灵敏、协调、速度。

（3）社会情感目标：沟通、团队合作。

适合年龄：U4，U5，U6[1]。

游戏器材：标志桶、分队服。

游戏方法：

（1）标记一块大小合适的场地。

（2）确定一名抓人的幼儿，其他的幼儿都确定为被抓的对象。

（3）被抓的幼儿将背心像尾巴一样塞在裤子后面。

（4）抓人的幼儿以这些尾巴为目标抓人。

（5）只要把尾巴从其他幼儿的裤子中抽出来就算抓到了人。

---

[1]　U 是英文单词 Under(在什么以下)的缩写，U4/U5/U6 分别是 4 岁、5 岁、6 岁以下
　　球员的意思。下同。

游戏变化：

（1）可以同时确定两名抓人的孩子。

（2）可以增加城堡、被抓的孩子。

（3）有三次机会躲进城堡，避免被抓。

指导要点：

（1）观察、分析、决策。

（2）变向、躲避和空间感。

（3）团队合作。

注意事项

调整规则，不断更换抓人者；不要让跑得慢的孩子一直被抓。

2 游戏名称：躲避猎人

锻炼目标：

（1）足球相关：控球、带球变向。

（2）运动能力发展：灵敏、协调、速度。

（3）社会情感目标：沟通、团队合作。

适合年龄：U5，U6。

游戏器材：小足球、标志桶、分队服。

游戏方法：

（1）大小合适的场地内，每人手里拿一个球。

（2）确定两人当猎人，其他孩子作为兔子。

（3）兔子试图躲过两个猎人。

（4）如果三个及三个以上的兔子靠在一起，就表示兔子的安全时间为 3 秒。

游戏变化：

（1）猎人、兔子可以进行角色转换。

（2）可以拍球进行游戏。

指导要点：

（1）观察、交流。

（2）变向、躲避和定位能力。

（3）团队合作。

注意事项

不断更换猎人，不要让扮演猎人的幼儿跑得过多。

---

3 **游戏名称：火球来了**

锻炼目标：

（1）足球技术：手抛、投掷球。

（2）运动能力发展：灵敏、协调、速度。

（3）社会情感目标：规则、沟通、团队合作。

适合年龄：U5，U6。

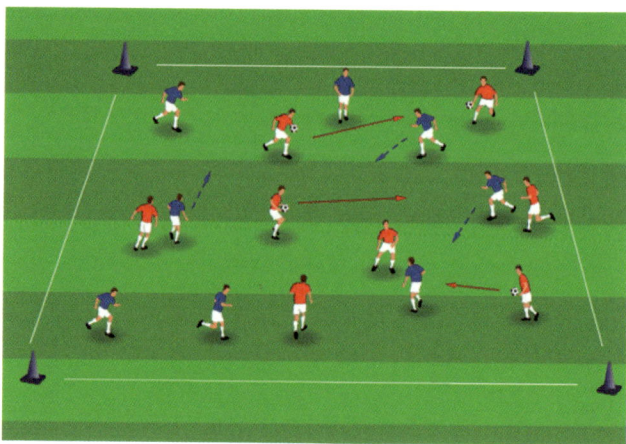

游戏器材：小足球、标志桶、分队服。

游戏方法：

（1）大小合适的场地内，分为两队，每队 8 人，每队 4 个球。

（2）红队得到 4 个球，蓝队球员任意分布在场地内。

（3）红队球员互相扔球，如果能成功用球碰到蓝队的幼儿，就代表火球烧到了蓝队幼儿。

（4）红队幼儿手中拿球时最多可挪动三步，然后必须传球。

游戏变化：手抛球改为地滚球。

指导要点：

（1）观察、沟通和呼应。

（2）躲避、手抛球。

（3）团队合作。

🎵 **注意事项**

场地大小须适宜，推荐 15 米×18 米的场地或 12 米×15 米的场地。过大会增加难度，过小则造成拥挤。

4 游戏名称:守桥将军

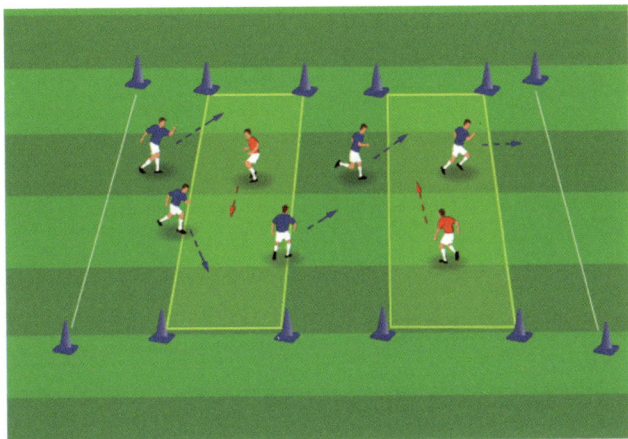

锻炼目标:

(1) 运动能力发展:灵敏、速度。

(2) 社会情感目标:沟通、互助、合作。

适合年龄: U4，U5，U6。

游戏器材: 小足球、标志桶、标志盘、分队服。

游戏方法:

(1) 标记 15 米×15 米的场地,其中用标志盘标记出两块桥梁区。

(2) 确定好两名桥梁守护人"张将军"的位置。

(3) 教练给出指令后,幼儿们试图从一侧跑到另一侧的底线。

(4) 幼儿们必须通过桥梁,但不能被守桥人抓住。

(5) 守桥人不得离开自己的桥梁,被抓住的幼儿成为守桥人。

游戏变化:

(1) 所有球员手中拿一个球。

(2) 幼儿们带球奔跑。

(3) 每个桥梁设置两个守护人。

（4）改变桥梁的宽度。

指导要点：

（1）观察、沟通、呼应。

（2）躲避和变向。

> ⚽ **注意事项**
>
> 　场地大小须适宜，适当调整规则以免跑得慢的孩子一直被抓。

5　游戏名称：运送宝藏

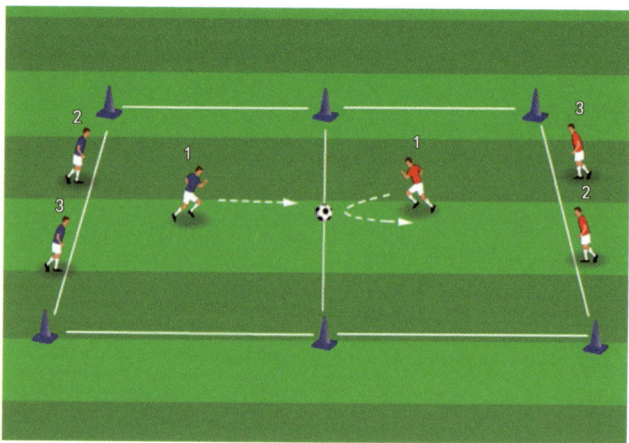

锻炼目标：

（1）运动能力发展：灵敏、协调、速度。

（2）社会情感目标：自信、坚韧。

适合年龄：U5，U6。

游戏器材：小足球、标志桶、标志盘、分队服。

游戏方法：

（1）标记 20 米×20 米的场地，中线用白线标出。

（2）两支球队，每队球员报数，按次序排列。

（3）在中线中间放一个球作为"宝藏"。

（4）教练喊出一个数字，比如"1"，序号为 1 的幼儿冲向足球，用手将足球运到自己的场地得 1 分。

游戏变化：

（1）孩子多的话，可以同时在中线放 3 个足球。

（2）3 组（6 人）同时相对出发。

指导要点：

（1）观察、决策。

（2）躲避、变向和护球。

注意事项

人数多时，需要多人同时出发，避免长时间等待。

6 游戏名称：齐心协力

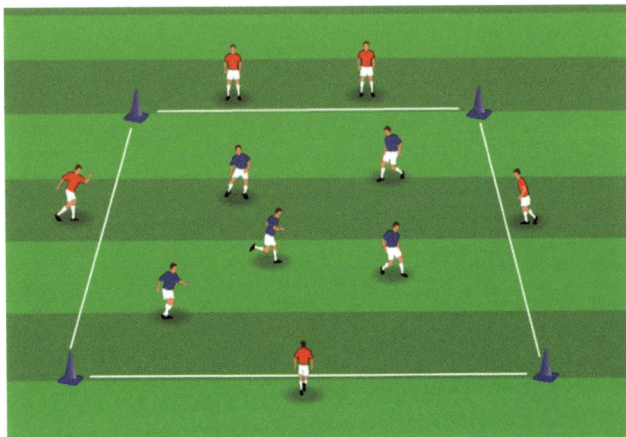

锻炼目标：

（1）运动能力发展：灵敏、协调、速度。

（2）社会情感目标：自信、坚韧。

适合年龄：U6。

游戏器材：标志桶、分队服。

游戏方法：

（1）标记稍小的场地。

（2）两支球队，按照图示，场内为蓝队球员，场外站立红色球员。

（3）红队报数，按次序排列。

（4）红队第一名球员尝试抓住蓝队的一名球员，被抓到的蓝队球员离开场地。

（5）抓人者和第二名红队球员击掌后，第二名红队球员进入场地抓人。抓到一名蓝队队员后，和第二名红队队员击掌，击掌后第一名抓人者离场。

（6）比较哪一个球队能更快地抓到对方所有人。

游戏变化：两个抓人者同时进入场地抓人。

指导要点：

（1）观察、决策。

（2）躲避、变向。

（3）协作。

> 🔔 **注意事项**
>
> 根据完成情况调整游戏规则，避免一个孩子长期抓人不成功。

7 **游戏名称：披着羊皮的狼**

锻炼目标：

（1）运动能力发展：灵敏、协调、速度。

（2）社会情感目标：规则、自信、勇敢。

适合年龄：U6。

游戏器材：小足球、标志盘、分队服。

游戏方法：

（1）羊圈里每只小羊（幼儿）一个球，小羊分别穿着三种颜色的分队服。

（2）小羊在羊圈里自由带球活动，当教练说出一种颜色，对应的幼儿即变成大灰狼，如果大灰狼将小羊的球踢出羊圈，小羊就需要跟着离开羊圈。

（3）在规定时间内，留在羊圈内的小羊即为获胜者。

游戏变化：球被踢出去的小羊可以在规定时间内捡球进圈继续游戏。

指导要点：

（1）观察、反应。

（2）控制球速。

8 游戏名称：三国游戏

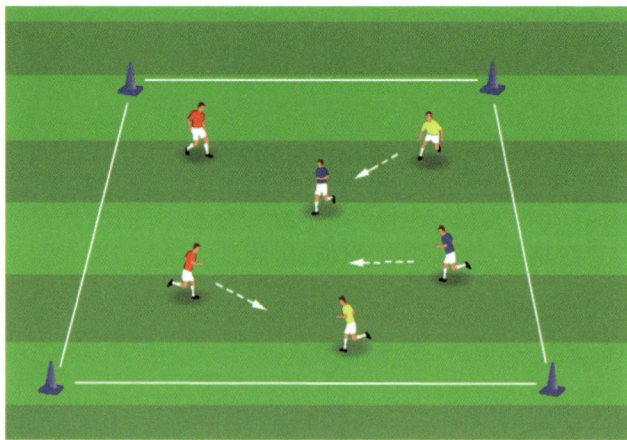

锻炼目标：

（1）运动能力发展：灵敏、协调、速度。

（2）社会情感目标：规则、自信、团队合作。

适合年龄： U4，U5，U6。

游戏器材： 标志盘、分队服。

游戏方法：

（1）均分幼儿为红、黄、蓝三大王国。

（2）红色王国战士只能追捕黄色王国战士，黄色王国战士只能追捕蓝色王国战士，蓝色王国战士只能追捕红色王国战士，触碰到追捕对方的衣服即算成功，被追捕到的幼儿在场边完成指定的左右脚踩球动作。

（3）幼儿完成左右脚踩球 10 次后，回到游戏中。

（4）每追捕到一名目标队员后加 1 分，结束后积分多的队伍获胜。

游戏变化：

（1）用手触碰到追捕对象身体即算追捕成功。

（2）变换追捕顺序和改变得分方式为触碰到追捕对象的肩膀或屁股即算追捕成功。

指导要点：

（1）沟通、呼应、观察。

（2）身体的变向和反应。

📣 注意事项

因为幼儿会有追逐，提醒他们不要用力拍打、推、踢来追捕对象。

---

9 游戏名称：寻找安全屋

锻炼目标：

（1）运动能力发展：灵敏、协调、平衡、力量。

（2）社会情感目标：规则、自信、坚韧。

适合年龄：U6。

游戏器材：小足球、标志盘、标志桶、分队服。

游戏方法：

（1）幼儿在指定范围内跑步，范围内设置两个安全区。

（2）指定一名幼儿变成大灰狼，其他幼儿变成小兔子，小兔子在范围内移动（走路、单腿跳等）躲避抓捕，大灰狼触碰到小兔子的衣服就算抓捕成功。

（3）小兔子可以进入安全区躲避抓捕，但是每次进入安全区不得超过2秒且不能连续两次进入同一个安全区（小兔子进入安全区后，大灰狼需去抓捕另一名幼儿）。

（4）被抓捕到的小兔子到范围外，留到最后的小兔子获胜。

（5）交换抓捕幼儿。

游戏变化：

（1）限制每个安全区的人数。

（2）增加或减少安全区。

（3）增加抓捕幼儿。

指导要点：

（1）观察抓捕幼儿位置及安全区。

（2）进入安全区前与队友的交流呼应。

🐾 **注意事项**

抓捕时不可以用手抓人、用脚踢到他人。

⑩ 游戏名称:小鲤鱼历险记

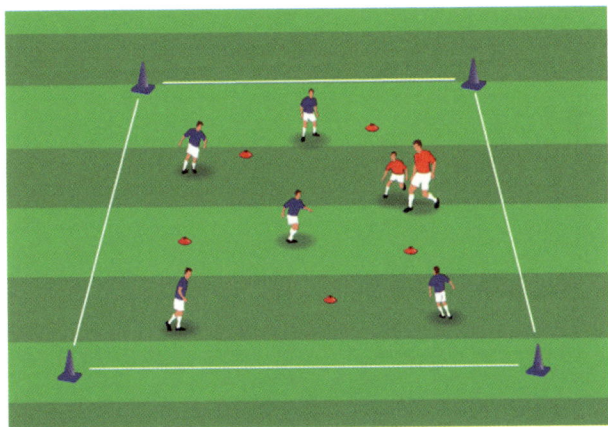

锻炼目标:

(1) 运动能力发展:灵敏、协调、平衡。

(2) 社会情感目标:规则、自信、坚韧。

适合年龄: U4,U5。

游戏器材: 标志盘、标志桶、分队服。

游戏方法:

(1) 在固定的区域内,每位幼儿带一个球扮演小鲤鱼在海中(固定区域)自由地跑步。

(2) 教练选定一位幼儿手牵手作为渔网,在海中捕捉小鲤鱼。

(3) 区域内的标志盘为珊瑚,小鲤鱼面对渔网时可躲藏在珊瑚后面,即在标志盘后蹲下。每次躲避时间为3秒,3秒后需离开珊瑚,且不得连续两次躲避在同一珊瑚。

(4) 被网捕捉到的小鲤鱼加入渔网。

游戏变化(难度调整):

(1) 缩短躲避时间。

(2) 规定每个珊瑚后只可躲避一条小鲤鱼。

指导要点：

（1）小鲤鱼要分散开来，不容易被抓。

（2）小鲤鱼注意观察，预判合适的行进路线。

⑪ 游戏名称：丛林猎手

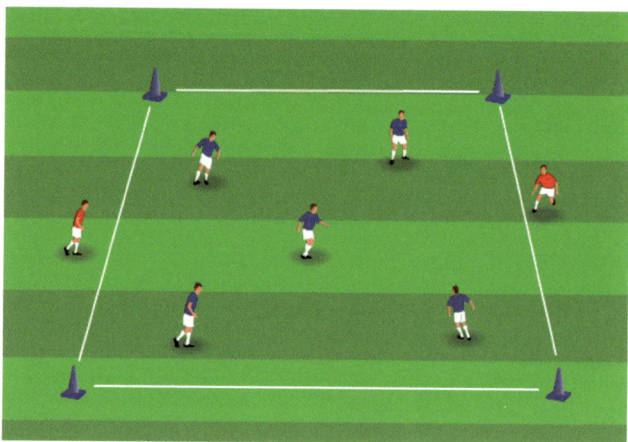

锻炼目标：

（1）运动能力发展：灵敏、协调、反应、速度。

（2）社会情感目标：规则、自信、勇敢、坚韧。

适合年龄：U5，U6。

游戏器材：小足球、标志桶、分队服。

游戏方法：

（1）教练指派两名幼儿扮演猎人在丛林外准备狩猎，剩余幼儿扮演猎物在丛林内移动躲避抓捕。

（2）教练吹哨后猎人可以进入丛林狩猎。

（3）被猎人碰到衣服的幼儿原地坐下。

（4）2分钟后看猎人捕捉了多少猎物，交换猎人，捕获最多的猎人组获胜。

游戏变化：

（1）没有被抓捕到的猎物可以和坐下的猎物击掌进行解救。

（2）猎人变换跑步姿势进行抓捕。

（3）猎人用背心击打猎物进行抓捕。

指导要点：

（1）在远离猎人的地方跑步。

（2）观察能力、变向躲避。

🎺 **注意事项**

要观察猎人以及队友的位置。

⑫ **游戏名称：聪明的侦察兵**

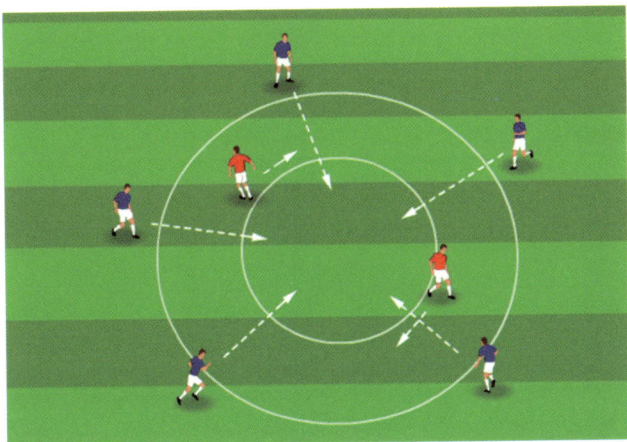

锻炼目标：

（1）运动能力发展：灵敏、协调、反应、速度。

（2）社会情感目标：规则、自信、勇敢。

适合年龄：U5，U6。

游戏器材：标志盘、分队服。

游戏方法：

（1）蓝色队员（侦察兵）跑步进入内圆（敌军阵营）摸一下地，再转身逃出外圈即得1分。

（2）侦察兵需躲避红色队员（哨兵）的追捕，若被哨兵碰到衣服，此次侦察不得分。

（3）被抓到的侦察兵需要在大圈外完成跳起动作20次才能复活。

（4）两分钟后侦察敌情成功次数最多的侦察兵即为胜者。

（5）随机选择两位侦察兵转为哨兵，同时从哨兵中随机选择两位改做侦察兵，继续游戏。

游戏变化：

（1）变成用手持球进行游戏，被哨兵触碰到身体即算侦察失败。

（2）减少或增加哨兵数量。

指导要点：

（1）观察哨兵位置和队友的意图。

（2）快速启动加速度的能力。

🎺 **注意事项**

因为会有追逐，提醒哨兵不要用力拍打、推、踢侦察兵。

13　游戏名称：猫和老鼠

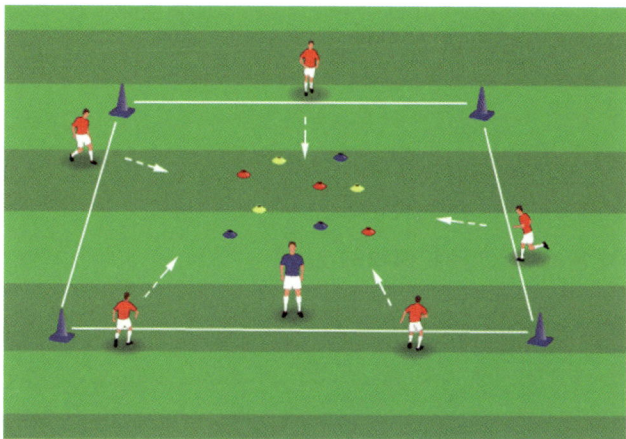

锻炼目标：

（1）运动能力发展：灵敏、协调、反应、速度。

（2）社会情感目标：规则、勇敢、团队。

适合年龄： U4，U5。

游戏器材： 标志盘、标志桶。

游戏方法：

（1）教练扮演猫的角色，守护自己的食物。幼儿们扮演老鼠的角色，去拿食物。

（2）猫在仓库的四个门巡逻，老鼠们在门外移动观察，可以在没有猫的门口进入获得食物。

（3）猫睡觉时也可从猫的身边慢慢地进入获得食物。

游戏变化（难度调整）：

（1）加入幼儿扮演猫的角色。

（2）使用三角形的仓库，减少门的数量增大游戏难度。

（3）规定从哪个门进来需从哪个门出去。

指导要点：

（1）幼儿之间增加沟通呼应，相互提醒。

（2）多观察，判断最佳时机。

注意事项

　　幼儿不能距离仓库太近。

14 **游戏名称：灰太狼和喜羊羊**

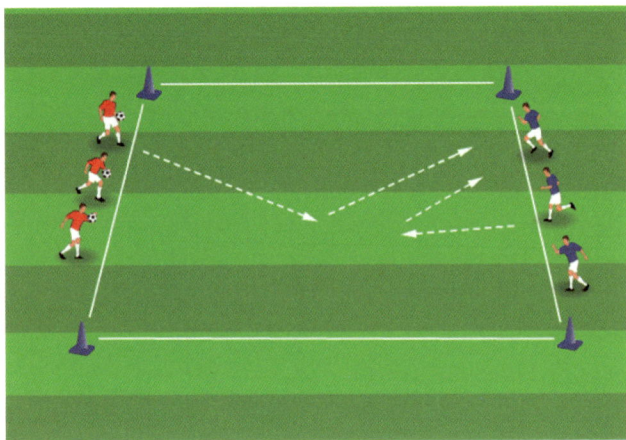

锻炼目标：

（1）运动能力发展：灵敏、协调、速度。

（2）社会情感目标：规则、自信、勇敢。

适合年龄：U5，U6。

游戏器材：标志桶、分队服。

游戏方法：

（1）红队幼儿（喜羊羊）手持球，躲避蓝队幼儿（灰太狼）的追捕。

（2）灰太狼在喜羊羊跑过己方端线前用手触碰到喜羊羊，即算抓捕成功。

游戏变化：灰太狼和喜羊羊交换身份。

指导要点：

（1）观察。

（2）改变方向的时机。

（3）加速度突破。

📣 **注意事项**

因为会有追逐，提醒幼儿们不要用力拍打、推、踢对手。

第二节
接 力 游 戏

在接力游戏中，每一个人都是球队中不可替代的重要部分，要为球队的成功贡献自己的力量。和团体运动一样，接力比赛是幼儿足球训练中非常有意义，也非常受欢迎的训练内容。

在足球训练中加入接力的内容，可以让幼儿们达到最大的速度，提升爆发力。如果教练采用的是往返接力，那么幼儿们还可以培养自己的灵活性，提升变速能力。如果把足球当作接力棒，接力游戏还能同时训练小球员的足球技术。作为足球教练，我们还可以通过接力游戏教育幼儿们珍惜团队，在团队中共同努力完成任务。

进行接力比赛的时候，教练要尽量避免出现交叉的跑动路径，防止幼儿们因不注意而互相碰撞，发生危险。如果有交叉跑动路线，教练应该首先训练孩子们在跑动中学习躲避。

1 **游戏名称：三角接力**

锻炼目标：

（1）运动能力发展：灵敏、协调、速度。

（2）社会情感目标：坚韧、团队合作。

适合年龄：U6。

游戏器材：标志桶、分队服。

游戏方法：

（1）标记两个大小合适的三角形，平行放置。

（2）幼儿分两组，每组的幼儿分布在三角形的三角上（标志桶标记处），其中两个标记桶旁边只允许站一个幼儿。

（3）下指令，A 跑向 B 并击掌，B 冲刺向 C，C 跑向 A。

（4）比较哪一队的所有球员能最先到达起点。

游戏变化：

（1）抱球冲刺，并把球扔给下一个球员。

（2）如果球掉到地上，该队必须重跑一圈三角。

指导要点：

（1）观察、决策。

（2）躲避、变向。

（3）团队合作。

> **注意事项**
>
> 场地过大跑动距离会过长，增加运动量。

2 游戏名称：鲤鱼过龙门

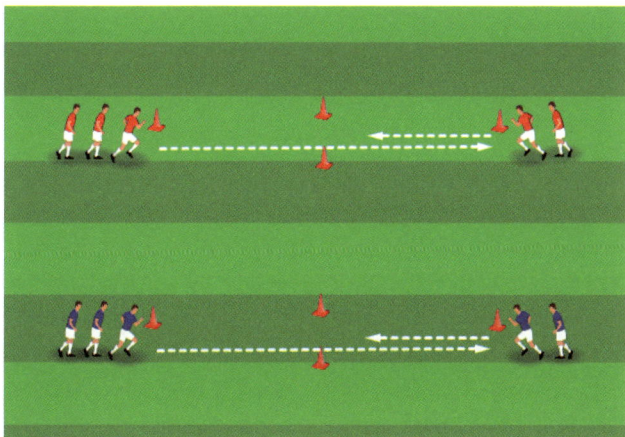

锻炼目标：

（1）运动能力发展：灵敏、协调、速度。

（2）社会情感目标：坚韧、团队合作。

适合年龄：U5，U6。

游戏器材：标志桶、分队服。

游戏方法：

（1）搭建两个三米宽的标志桶球门（龙门）。

（2）每个球门前后7米处放置两个标志桶，幼儿在桶后排队。

（3）幼儿分红蓝两队在标志桶后列队。

（4）指令后，每队第一名球员穿过球门，和对面的球员击掌，换被击掌的球员出发，击掌后直接排到对面队伍后。

（5）每次跑过球门的变成鲤鱼，得1分，最后看谁能最先得到7分。

游戏变化： 变化跑步姿势。

指导要点：

（1）沟通呼应。

（2）躲避、变向。

（3）团队合作。

🎺 **注意事项**

场地过大的话会导致跑动距离过长，应注重合理安排运动量。

---

3 **游戏名称：十字接力**

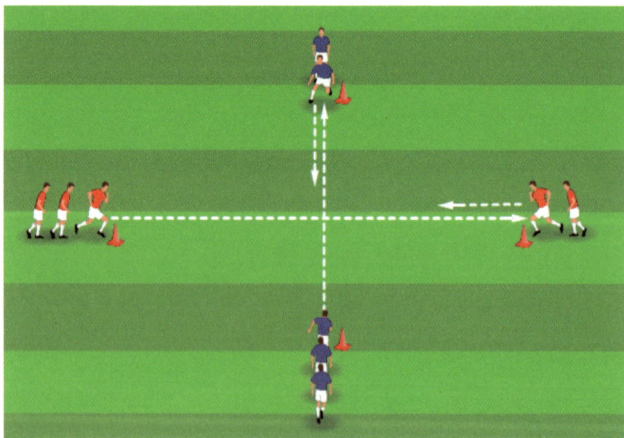

锻炼目标：

（1）运动能力发展：速度。

(2) 社会情感目标:团队合作。

适合年龄:U6。

游戏器材:标志桶、分队服。

游戏方法:

(1) 以大约 10 米的距离为标准放置 4 个标志桶,如图形成十字。

(2) 球员分两队,并在标志桶后列队。

(3) 下指令,球队第一名球员跑向对面并和对面第一名球员击掌,被击掌球员跑向对面,击掌后直接排到对面队伍后。

(4) 最后比较哪一队更快完成所有接力。

游戏变化:变化跑步姿势,如后退跑、小碎步、高抬腿等。

指导要点:

(1) 沟通呼应。

(2) 躲避。

(3) 团队合作。

> 📣 **注意事项**
>
> 场地尺寸合适,避免孩子们在跑动中互相撞击。

4 🔺 **游戏名称:星星接力**

锻炼目标:

(1) 足球技术:手抛球、投掷。

(2) 运动能力发展:速度。

(3) 社会情感目标:独立与合作。

适合年龄:U6。

游戏器材:标志桶、分队服、小足球。

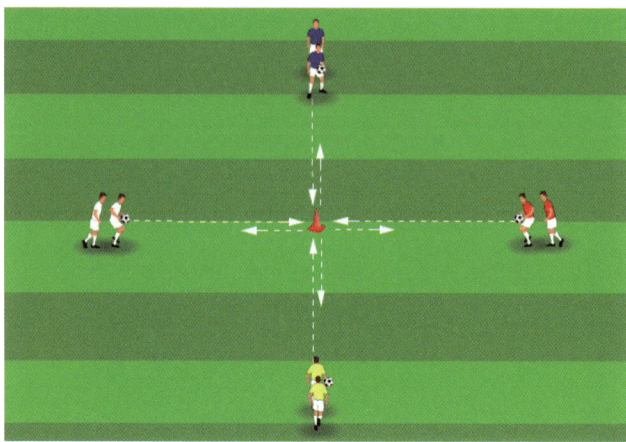

游戏方法：

（1）球员分四队站在四个方向。

（2）每队的第一名球员有球。

（3）下指令，第一名球员手持足球跑向中间的标志桶，将球放在标志桶处，然后跑回和下一名球员击掌，该球员跑向标志桶，拿到标志桶处的足球，将球扔回。

游戏变化：

用手代替脚滚动足球。

指导要点：

（1）沟通呼应。

（2）躲避、变向。

（3）团队合作。

🐚 **注意事项**

场地尺寸合适。

5 游戏名称：**手忙脚乱**

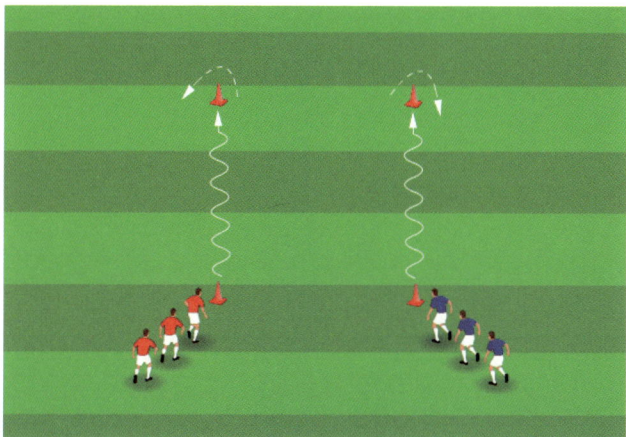

锻炼目标：

（1）运动能力发展：灵敏、协调、速度。

（2）社会情感目标：团队合作、规则、感恩。

适合年龄：U6。

游戏器材：小足球、标志桶、小球门、分队服。

游戏方法：

（1）分为红蓝两组，每组两个球。

（2）游戏开始后，两组排头幼儿同时抱一个球绕杆后回到出发点，然后下一个幼儿接力。

（3）最先完成运球的一组获胜。

游戏变化：

（1）抱球到标志桶处，将球踢进小球门。

（2）变换跑步姿势。

指导要点：

（1）接近终点时，提前降速。

（2）感恩队友。

如果球没有踢进球门,则捡球并回到队伍中重新排队。

6 游戏名称:宝藏搬运工

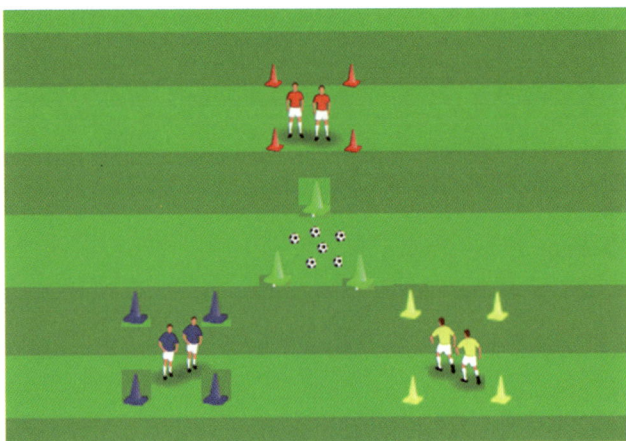

锻炼目标:

（1）运动能力发展:灵敏、协调、反应、速度。

（3）社会情感目标:规则、自信、勇敢、感恩。

适合年龄：U5，U6。

游戏器材：小足球、标志桶、分队服。

游戏方法：

（1）幼儿分三组,中间仓库放置宝藏（球）,所有幼儿同时出发,将宝藏搬运（抱回）到自己基地。

（2）幼儿可以将别人基地的宝藏搬运到自己基地,不可以防守。

（3）一分钟后看哪个基地的宝藏最多,则哪一组获胜。

游戏变化：

（1）教练加入防守，搬运过程中如被教练抓到则需要把宝藏（球）放回仓库。

（2）变换跑步姿势。

指导要点：

（1）观察哪组的宝藏最多。

（2）感恩队友。

> **注意事项**
>
> 　　跑步时不要互相撞击。

7　游戏名称：捡贝壳

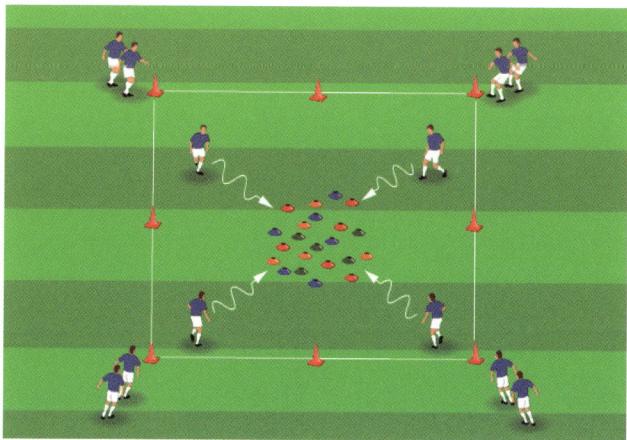

锻炼目标：

（1）运动能力发展：灵敏、协调、速度。

（2）社会情感目标：规则、团队合作。

适合年龄：U4，U5，U6。

游戏器材：标志桶、标志盘、分队服。

游戏方法：

（1）教练在场区内（海滩）放置多种颜色的标志盘（贝壳）。

（2）幼儿分为若干组，每组每次一名幼儿跑步进入海滩，捡到贝壳后跑步回到出发点，将贝壳放好并由下一名幼儿带球继续。

（3）贝壳捡完后，拾得贝壳最多的小组获胜。

游戏变化：

（1）变换跑步姿势。

（2）不同颜色的贝壳分值不一样。

指导要点：

（1）观察。

（2）沟通。

注意事项

避免使每组人数过多，可以分多组进行游戏。

第四章

训练基本技术的游戏设计

个人技术是每个孩子在球场上发挥巨大能量,实现足球梦想的神秘钥匙。有了这把钥匙,足球的快乐之门将向每一个孩子敞开。

威廉·奥斯勒爵士说:"明天的成功建立在今天准备的基础上。"在孩子们成长的早期阶段,教练需要为他们提供充足的训练工具,激励他们自信而且愉快地参加训练。对于幼儿来说,最好的训练模式莫过于将"足球=游戏"。由于幼儿生性活泼好动,充满好奇心,注意力集中程度低,教练一定要发挥自己的想象力和创造力,把足球技术融入游戏中,让课程内容游戏化,这样才能把幼儿们变成小小的探险家,使得他们徜徉在足球游戏的海洋里。

第一节
球 性 游 戏

球性指的是对球的适应性,是构成足球技术的最基本的元素。提高球性,对于每一个足球初学者来说都是最基础的事情。有了球性,初学者就可以顺利地进入学习其他足球技术的环节,比如控球。

1 游戏名称:双子星

锻炼目标:

(1)技术水平:球性球感、带球、观察。

(2)运动能力发展:协调、灵敏、平衡。

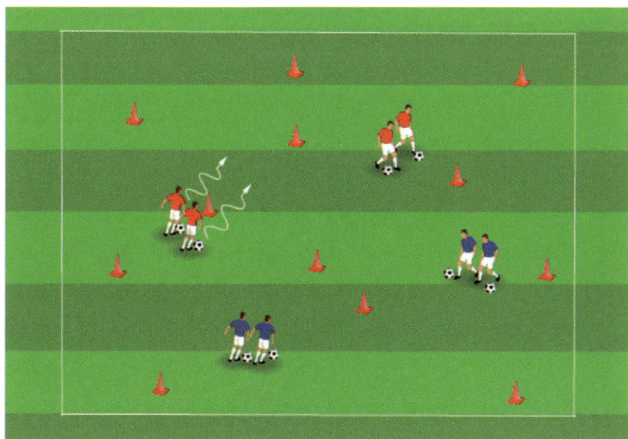

（3）社会情感目标：团队合作、规则意识。

适合年龄：U5，U6。

游戏器材：标志盘、标志桶、分队服、小足球。

游戏方法：

（1）两人 组，每人一球，手拉手在区域内自由带球。

（2）教练发出数字指令，例如，教练喊"3"，牵手的两人需要选择3个不同的标志桶，分别从桶的两侧带球通过而手不能分开。最先完成规定数量的一组运球到任意边线上即为获胜者。

游戏变化：

（1）牵手的幼儿可先用一只手持球完成游戏。

（2）牵手的幼儿带球绕桶完成游戏。

指导要点：

（1）观察、交流。

（2）改变方向和控制力度。

📣 **注意事项**

　避免两人组合带球速度过快而摔倒。

---

2 游戏名称：足球双人舞

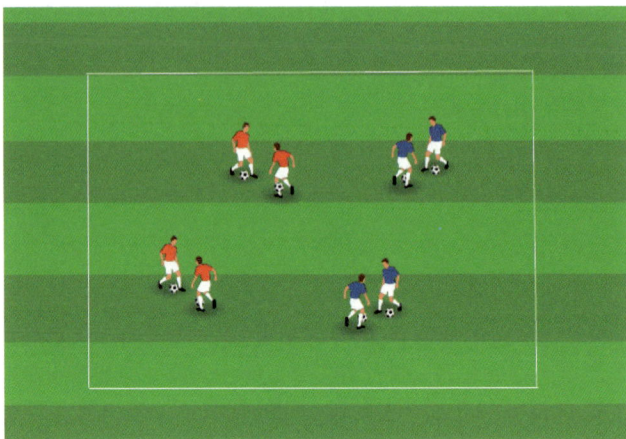

锻炼目标：

（1）足球技术：球性球感、触球部位、力度。

（2）运动能力发展：协调、灵敏、节奏。

（3）社会情感目标：团队合作、规则意识、沟通呼应。

适合年龄：U5，U6。

游戏器材：小足球、标志盘、分队服。

游戏方法：

（1）两人一组，每人一球，相向站立，开始前球都放在右脚旁边，准备左右脚脚底踩球。

（2）两名幼儿同时开始用右脚踩球一次，再用左脚踩球一次，然后把球轻轻踢给队友，队友随即用左脚底接球踩球，再用右脚踩球，然后同时用左脚底将球推向前方的队友，如此循环。

游戏变化：

（1）可先用手代替脚滚球完成游戏。

（2）变换动作为左右脚内侧敲球。

指导要点：

（1）沟通呼应。

（2）触球部位和节奏。

注意事项

　　可以分解动作为一、二、三步，一、二即左右脚踩球，三即推球向前，以易于幼儿掌握。

3 **游戏名称：报名字打电话**

锻炼目标：

（1）足球技术：球性球感、空间认知。

（2）运动能力发展：灵敏、协调、反应判断。

（3）社会情感目标：团队合作、规则意识、沟通呼应。

适合年龄：U6。

游戏器材：小足球、标志盘、分队服。

游戏方法：

（1）多名幼儿围成一个小圈，将幼儿按照数字从1～9编号，任一名幼儿手持球。

（2）游戏开始后，教练叫出 1～9 之间的一个数字（这个数字不能是持球幼儿的编号），被叫到号的幼儿需要将手高高举起，持球幼儿将球抛给被叫到号的幼儿。依此循环。

游戏变化：发球改为地滚球，接球改为用脚停球。

指导要点：

（1）观察。

（2）反应。

🎺 **注意事项**

教练需要准备一些备用球，一旦球抛远了，立即给新球继续游戏。

④ 游戏名称：铁人四项

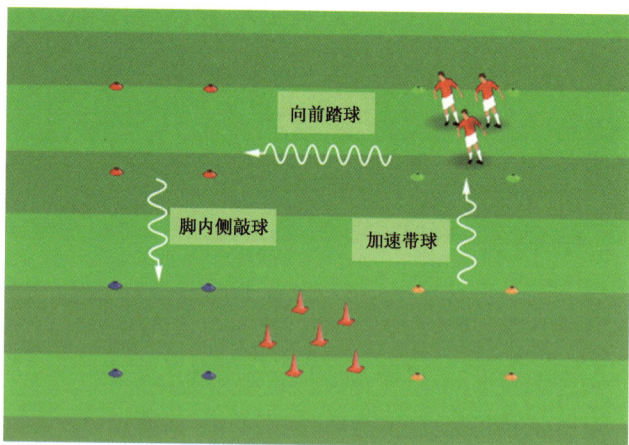

锻炼目标：

（1）足球技术：球性球感、触球部位及力度、带球观察。

（2）运动能力发展：协调、灵敏、节奏、速度。

（3）社会情感目标：规则、自信、坚韧。

适合年龄：U5，U6。

游戏器材：小足球、标志盘、标志桶。

游戏方法：

（1）设置四个区域，幼儿从绿色区域依次出发。

（2）从绿色区域向前踏球到红色区域，脚内侧敲球到蓝色区域，躲避障碍物到橙色区域，加速带球回到绿色区域。

（3）计时，用时最短的幼儿获胜。

游戏变化：所有幼儿同时出发，带好球的同时需要观察身边的同伴。

指导要点：

（1）球性球感。

（2）触球部位和力度。

> 🎺 **注意事项**
>
> 带球时注意和同伴拉开距离，避免互相干扰。

5 游戏名称：足球休息室

锻炼目标：

（1）足球技术：球性球感、触球部位、节奏变化。

（2）运动能力发展：灵敏、协调、反应、判断、速度。

（3）社会情感目标：规则、自信、坚韧。

适合年龄： U4，U5。

游戏器材： 小足球、标志盘、小球门。

游戏方法：

（1）幼儿在标志盘标记的范围内练习踩球、敲球。

（2）听教练指令踩球或敲球去通道（两个相同颜色标志盘之间的空间）休息。

（3）幼儿在规定范围内行进踩球、敲球，听教练指令的颜色去相应标志盘。

游戏变化（难度调整）：

（1）教练手举蓝色或红色标志盘发指令。

（2）听教练指令与队友交换足球去通道。

指导要点：

（1）运球观察。

（2）触球部位、节奏。

🎵 **注意事项**

运球时眼睛时刻注意观察。

---

6 **游戏名称：口令游戏（口令和动作保持一致）**

锻炼目标：

（1）足球技术：球性球感、熟悉身体部位。

（2）运动能力发展：灵敏、协调、观察判断、平衡。

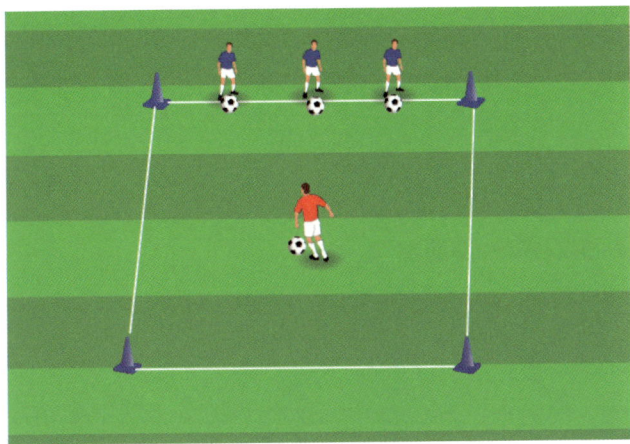

（3）社会情感目标：规则、自信。

适合年龄：U4，U5。

游戏器材：小足球、标志桶、分队服。

游戏方法：

（1）幼儿在原地模仿教练动作，摸头、肚子、屁股等。

（2）幼儿原地小步跑，听教练指令以身体不同部位停球（脚、肚子、头等）。

（3）幼儿在规定范围内带球，听教练指令停球（除手臂外都可以停）。

游戏变化（难度调整）：

（1）原地模仿时，可改为口令与动作不一样。

（2）缩减幼儿停球时间，加快幼儿停球速度。

指导要点：

（1）运球、停球。

（2）身体部位的运用。

> 🎺 **注意事项**
>
>   幼儿停球前,教练需要提前提醒使用的部位。停球时给予缓冲时间,避免动作过快而摔倒。

7 **游戏名称:交朋友**

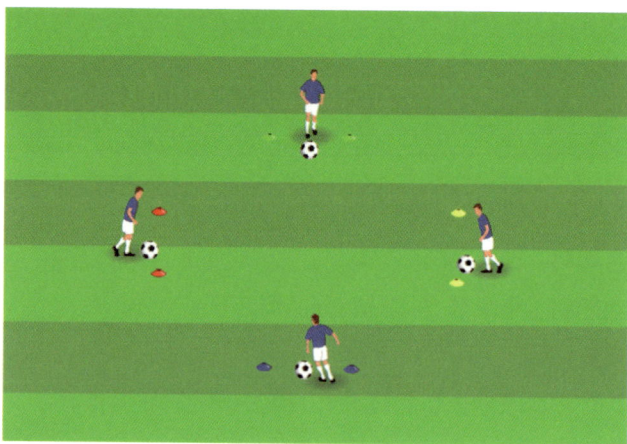

锻炼目标:

(1) 足球技术:球性球感、触球部位、带球观察。

(2) 运动能力发展:灵敏、协调、速度。

(3) 社会情感目标:社交、规则、自信。

适合年龄:U4,U5。

游戏器材:小足球、标志盘。

游戏方法:

(1) 每个幼儿在一个通道内踏球、拉球、敲球等。

(2) 听到教练指令后带球进入指定范围内找另外一名幼儿握手。

（3）握手后立刻回到自己的通道内再次出发，与尽可能多的幼儿握手。

（4）听教练口令停止活动，回到自己通道内。

游戏变化（难度调整）：教练规定每次可以握手的次数。

指导要点：

（1）强调规则。

（2）触球力度。

🎺 **注意事项**

提前观察判断路线。

第二节
控 球 游 戏

控球指的是球员在球场上，通过对足球的控制，让其在特定的时间或空间范围内移动或者停止的动作。控球游戏可以帮助球员训练足球技术，以及平衡、步法、速度、协调等能力，这些技能对于球员进一步发现足球的魅力非常重要。一个球员如果有了足够的控球能力，在比赛中就会充满战斗力和创造力，踢出高质量的比赛。

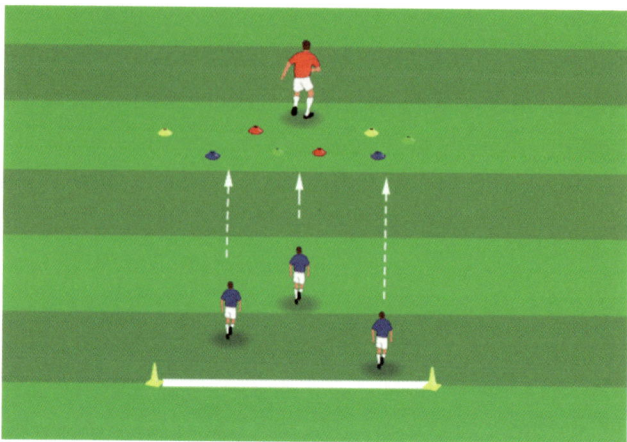

1 游戏名称：1、2、3 木头人

锻炼目标：

（1）足球技术：直线带球、触球频率、观察。

（2）运动能力发展：灵敏、协调、平衡。

（3）社会情感目标：坚韧、规则、自信。

适合年龄：U4，U5。

游戏器材：小足球、标志盘、标志桶。

游戏方法：

（1）幼儿跑步从通道（标志桶中间）出发，拿到标志盘后跑回原位，教练喊"1、2、3 木头人"后转身，幼儿停球不动，变成木头人。

（2）教练喊"1、2、3 木头人"后动了的幼儿，回到起点重新出发。

（3）幼儿重新用脚运球出发。

游戏变化（难度调整）：

（1）教练调整站立位置，站在一侧。

（2）教练手举标志盘发出指令，幼儿运球时观察教练手中标志盘的颜色，如果教练手举标志盘为红色，则幼儿需要取回对面区域的红色标志盘。

指导要点：

（1）触球力量。

（2）带球观察。

> 🎺 **注意事项**
>
> 　游戏初始，教练转身时需提前提醒，避免幼儿压力过大而摔倒。

2 **游戏名称：字母乐园**

锻炼目标：

（1）足球技术：控球、触球部位、触球力度及频率。

（2）运动能力发展：灵敏、协调、平衡、柔韧。

（3）社会情感目标：规则、自信。

适合年龄：U6。

游戏器材：小足球、标志盘。

游戏方法：

（1）教练在场区内布置若干字母。

（2）教练说一个简单的单词，比如"HELLO"，引导排在首位的幼儿找到单词的首字母 H。接下来，幼儿依次找到对应的字母 E，L，L，O。

（3）找到对应字母的幼儿立即按字母顺序运球。

游戏变化：要求幼儿用左右脚内侧敲球、脚底踩球等练习球性球感的动作完成字母游戏。

指导要点：

（1）观察、快速反应。

（2）控制球速、一步一带球。

🎵 注意事项

　　如果有的幼儿不认识单词，可以让他随意选择一个字母。

3 游戏名称：拆弹骑兵

锻炼目标：

（1）足球技术：控球、控球观察、带球变速。

（2）运动能力发展：灵敏、协调、平衡、速度。

（3）社会情感目标：规则、自信、勇敢。

适合年龄：U4，U5，U6。

游戏器材：小足球、标志盘、标志桶。

游戏方法：

（1）幼儿在彩色炸弹（标志盘）区域跑步。

（2）幼儿运球在彩色炸弹区域穿梭，检查炸弹是否会爆炸。

（3）幼儿运球绕炸弹一圈后可拆除炸弹，比赛谁拆除的最多。

游戏变化（难度调整）：

（1）可以改变绕圈方式，如踏球绕圈。

（2）规定完成拆弹任务的时间（如1分钟）。

指导要点：

（1）抬头观察。

（2）触球部位、力度。

🎺 **注意事项**

　控制触球力度，要求多点触球，避免触碰彩色炸弹。

4 游戏名称：老虎钻火圈

锻炼目标：

（1）足球技术：控球、带球观察。

（2）运动能力发展：灵敏、协调、速度、柔韧。

（3）社会情感目标：规则、自信、社交。

适合年龄：U4，U5，U6。

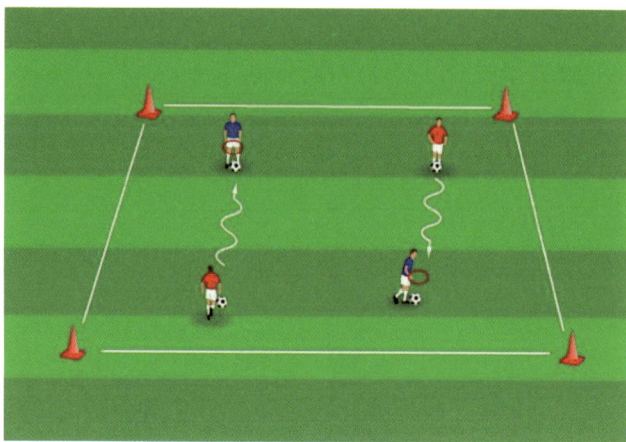

游戏器材：小足球、标志桶、分队服、跳圈（火圈）。

游戏方法：

（1）均分队员为红蓝两组，每人一球，在区域内自由带球。

（2）教练发出颜色指令后（这里是蓝色），蓝队幼儿即变成驯兽师，找到并举起场区内的火圈；红队幼儿变成为老虎，用手抱起球快速将其穿过所有的火圈。最快者即为兽中之王，如此循环。

游戏变化：

（1）可先用手持球进行游戏。

（2）驯兽师将火圈立在地面，老虎必须要用脚踢球将其穿过火圈。

指导要点：

（1）观察。

（2）带球变向和变速。

🎵 注意事项

如果没有合适的火圈道具，可以双手抱圈，或者坐在地上，双脚围成火圈。

5 **游戏名称:小小侦察员**

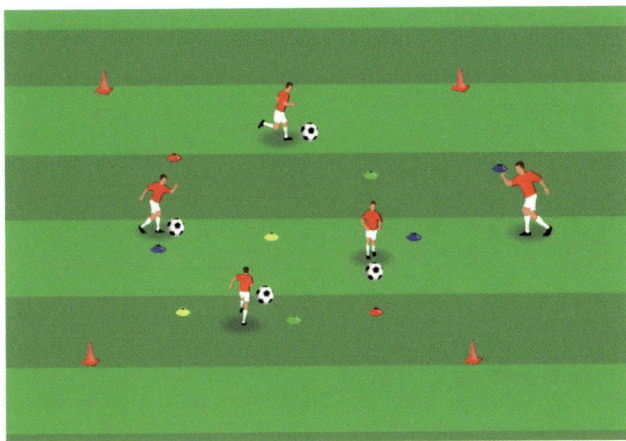

锻炼目标:

(1)足球技术:控球、控球观察。

(2)运动能力发展:灵敏、协调、平衡。

(3)社会情感目标:规则、自信、坚韧。

适合年龄:U4,U5。

游戏器材:小足球、标志盘、标志桶。

游戏方法:

(1)幼儿在规定范围内运球。

(2)教练吹哨后喊一个颜色,幼儿找到离自己最近的该颜色标志盘停球、踏球,然后带球返回,依此重复。

(3)教练吹哨后喊一个颜色,幼儿不可以去往该颜色标志盘,而是就近选择其他颜色标志盘停球、踏球,带球返回,依此重复。

游戏变化(难度调整):

(1)增加标志盘颜色种类。

(2)增加绕圈动作。

指导要点：

（1）提前观察记录标志盘的数量。

（2）多移动，多转头增大视野范围。

（3）控制球和身体的距离，保证随时可以快速带球或变向去最近的标志盘。

> **注意事项**
>
> 　标志盘不可太密集。

6 游戏名称：**足球红绿灯**

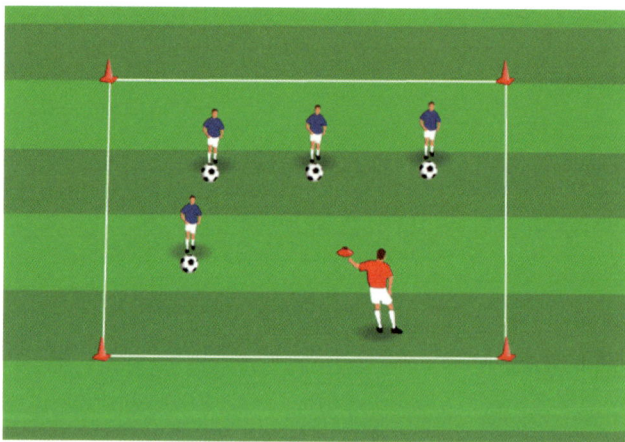

锻炼目标：

（1）足球技术：控球、控球观察、触球力度。

（2）运动能力发展：灵敏、协调、平衡、反应判断。

（3）社会情感目标：规则、自信、坚韧、社交。

适合年龄：U4，U5。

游戏器材：小足球、标志盘、标志桶。

游戏方法：

（1）幼儿在规定范围内自由运球，教练在范围内消极防守，幼儿要注意观察教练的位置，球不要被教练触碰到。

（2）教练手举不同颜色的标志盘发出指令，红色表示停球，黄色表示带球，绿色表示快速带球。

（3）安排1～2名幼儿在规定范围内破坏球，即用脚踢走别人的球为其增加压力。

游戏变化（难度调整）：

（1）教练不断变换位置。

（2）轮换承担破坏任务的幼儿。

指导要点：

（1）触球力量，频率。

（2）带球观察变向。

（3）抬头。

📢 注意事项

提醒幼儿去人少的地方，有压力时控球躲避，不要大力踢球。

第三节
带 球 游 戏

带球也称"运球"，是一种最基础的足球动作，指用脚推拨足球，使之与在跑动中的人一起行进并被牢牢控制住的动作。练习时，保持抬头挺胸,眼睛的余光稍稍能看到足球即可。对于初学者,可以眼睛关注自己的足球,待可以熟练控制足球时再训练带球观察能力。比赛中,运用带球调动对手位置,扯开对方防守,以寻找传球、射门的时机或空隙,也可运用带球变换进攻速度,控制比赛节奏,以利于展开进攻。踢球的孩子,都会希望自己成为带球高手的。教练可以在训练中设置带球游戏,让幼儿在带球突破中感受足球的激情和魅力,锻炼他们稳定的心理质素,练习速度、敏捷性、平衡性和协调性。

一、带球前进

1 游戏名称:发射导弹

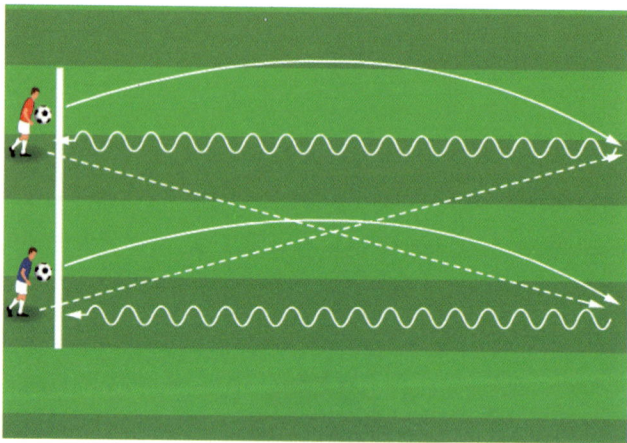

锻炼目标:

(1)足球技术:直线带球、带球加速。

(2)运动能力发展:力量、速度、灵敏、快速反应。

(3)社会情感目标:自信、坚韧、规则。

适合年龄:U4,U5,U6。

游戏器材:小足球。

游戏方法：

（1）两人一组，两人各执一球（导弹），同时尽力扔出（发射），越远越好。

（2）两人分别追上对方扔出的球，控球转身并以最快速度带球回到出发端线。

（3）先到达端线的队员获胜。

游戏变化：

（1）若幼儿扔球或者滚球都不行，可以尝试用脚踢远。

（2）设置路障增加难度。

指导要点：

（1）快速反应。

（2）带球速度。

> 🎺 **注意事项**
>
> 　　避免带球回来时幼儿为了快而将球踢得很远，可以要求将球带入指定区域停好。

2 **游戏名称：炸弹翻翻乐**

锻炼目标：

（1）足球技术：直线带球，触球力度、频率、节奏变化。

（2）运动能力发展：灵敏、协调、速度。

（3）社会情感目标：团队合作、自信、尊重。

适合年龄： U5，U6。

游戏器材： 小足球、标志盘、标志桶、分队服。

游戏方法：

（1）幼儿分两组，在特定范围内放置若干标志盘（正反各一半）。

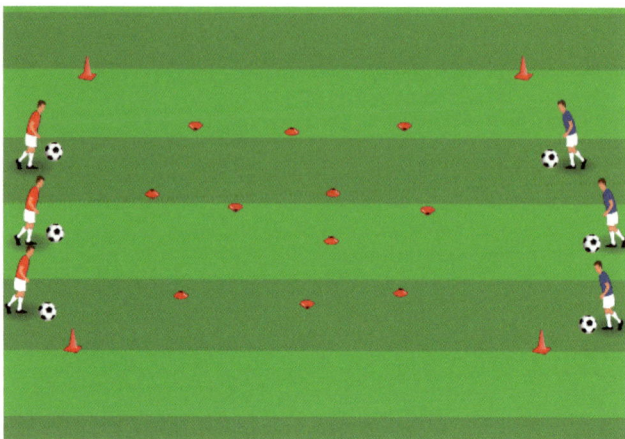

（2）蓝队队员需要带球到标志盘旁把球停住,将标志盘翻回正面,返回原点;红队队员需要带球到标志盘旁把球停住,将标志盘翻到反面,返回原点。

（3）在规定时间内正面标志盘较多,蓝队获胜;反之,红队获胜。

游戏变化：幼儿带球到标志盘需完成10次踏球后才可翻标志盘。

指导要点：

（1）触球力量和带球节奏。

（2）观察目标标志盘。

🎺 **注意事项**

　带球过程中注意抬头,不要互相撞到。

---

3 **游戏名称：红房子和蓝房子**

锻炼目标：

（1）足球技术：带球前进、带球观察。

（2）运动能力发展：灵敏、协调、速度。

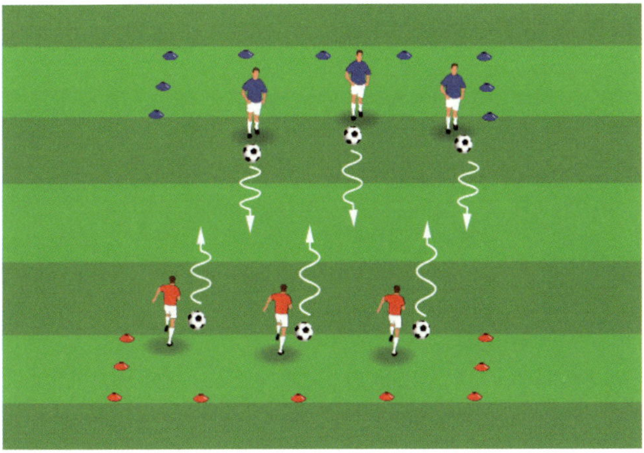

（3）社会情感目标：规则、自信、团队合作。

适合年龄：U4，U5。

游戏器材：小足球、标志盘、标志桶、分队服。

游戏方法：

（1）幼儿在两个房子（标志盘围起的区域）之间来回运球。

（2）听教练指令到达指定颜色的房子。

（3）红蓝两队分别运球到对方的房子，在规定时间内，本队所属的房子内球少的队伍获胜。

游戏变化（难度调整）：

（1）两队竞争，哪队能更快速到对面房子。

（2）限定时间。

指导要点：

（1）直线运球。

（2）触球力量。

注意事项

提前观察终点距离，控制好运球速度和脚部力量。

4 **游戏名称:盖房子**

锻炼目标:

(1)足球技术:带球前进、触球力度、带球观察。

(2)运动能力发展:灵敏、协调、速度。

(3)社会情感目标:规则、自信、竞争。

适合年龄:U4,U5。

游戏器材:小足球、标志盘、标志桶、分队服。

游戏方法:

(1)幼儿用手抱球,去到对面区域内取回任意一个房顶(标志盘),盖到自己的小房子(标志桶)上。

(2)幼儿重复用手抱球的动作,取回一个相同颜色的房顶盖到自己的小房子上。

(3)幼儿用脚运球,取回一个相同颜色的房顶带回到自己的小房子处并盖好。

游戏变化(难度调整):

(1)增加房子与房顶的距离。

（2）限定时间看哪个幼儿盖的房顶最多。

指导要点：

（1）直线运球。

（2）带球、停球。

> 🎺 **注意事项**
>
> 　直线运球时一边看球一边看前边，停球时提前减速。

二、带球变向

　　带球变向有多种不同的变向：有向斜前方变向的，有转身向后变向的，有连续折返变向的。罗纳尔多切球、克鲁伊夫转身、巴西盒子、伊列斯塔炸丸子等，都是比赛场上实用的带球变向技巧。带球变向可以训练幼儿的技术技巧、身体敏捷性及平衡能力，让他们可以更好地探索、感知自己的身体，变得更自信。

❶ 游戏名称：水果忍者

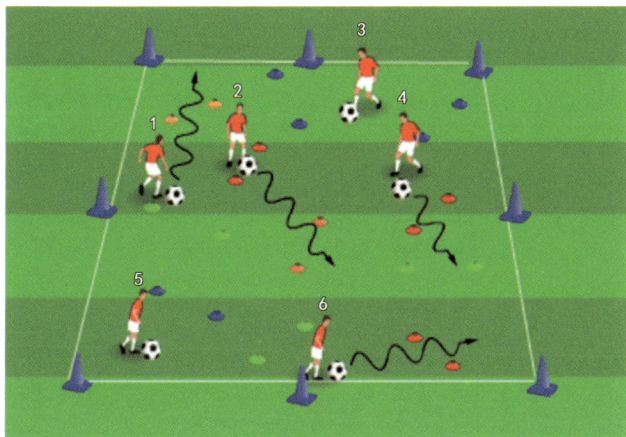

锻炼目标：

（1）足球技术：带球变向、带球观察。

（2）运动能力发展：灵敏、协调、反应。

（3）社会情感目标：规则、自信、坚韧。

适合年龄：U4，U5，U6。

游戏器材：小足球、标志盘、标志桶。

游戏方法：

（1）教练在场区内布置四种颜色的小门（作为水果）。

（2）教练叫一个水果名称，比如叫草莓后，每名幼儿（忍者）立即带球切开（从两个相同颜色标志盘中间穿过）红色水果（小门），同时嘴里大声发出"哗"的声音。

（3）然后忍者们再自由地带球，等待教练下一次的信号。

游戏变化：

（1）要求忍者先用左右脚内侧敲球、脚底踩球等动作完成切水果游戏。

（2）教练一次叫出多个水果名称，忍者完成多任务。

指导要点：

（1）观察，快速反应。

（2）控制球速，一步一带球。

🐷 **注意事项**

发出的指令尽量是幼儿最常见、最熟悉的水果和颜色。

---

2 **游戏名称：开火车**

锻炼目标：

（1）足球技术：带球变向、带球观察、触球频率。

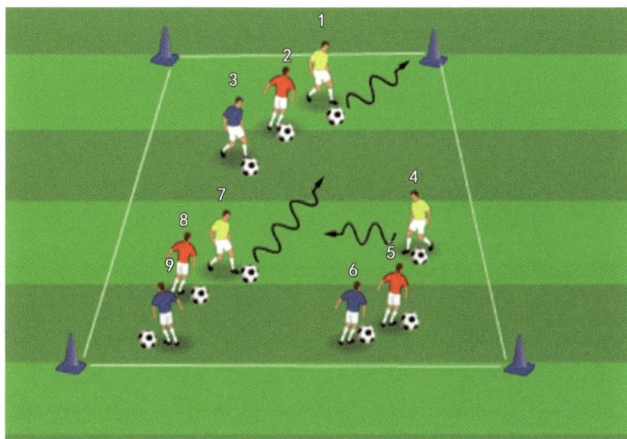

（2）运动能力发展：灵敏、协调、反应判断。

（3）社会情感目标：规则、社交、尊重。

适合年龄：U4，U5，U6。

游戏器材：小足球、标志桶、分队服。

游戏方法：

（1）将幼儿均分为红、黄、蓝三组，每一列小火车由红、黄、蓝各一名幼儿带球组成。

（2）教练发出指令，"黄"即黄色组一名队员作为火车头，在场区内带领火车前进。

（3）教练更换指令，继续游戏。

游戏变化：

（1）教练增加指令调头，即为车头变车尾，车尾变车头。

（2）设置隧道、大河、车站等场景增加游戏难度。

指导要点：

（1）观察车头，观察别的火车。

（2）带球变速，带球变向技术。

> 🎺 **注意事项**
>
> 注意场区大小,以防止小火车太拥挤,幼儿之间发生碰撞。

3 游戏名称:倒扣的碗

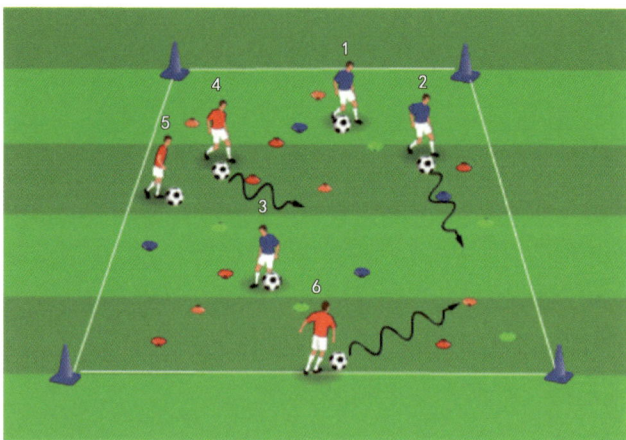

锻炼目标:

(1)足球技术:带球变向、带球观察、带球加速。

(2)运动能力发展:灵敏、协调、反应。

(3)社会情感目标:规则、自信、坚韧。

适合年龄: U4,U5,U6。

游戏器材: 小足球、标志盘、标志桶、分队服。

游戏方法:

(1)场区内布置若干标志盘(碗),一半开口向上,一半倒扣在地上。

(2)游戏开始后,红队幼儿需要带球将倒扣的碗翻过来碗口朝天,蓝队幼儿则需要将碗口朝天的碗倒扣在地面上。

（3）两分钟后，检查碗口朝天与倒扣的数量，数量多的那组获胜。然后交换角色，继续游戏。

游戏变化：

（1）设置不同颜色的碗，分值为 1～4 分，最后分值高的一组获胜。

（2）可以从双脚交替踩球、左右脚内侧敲球开始游戏。

指导要点：

（1）带球时注意观察。

（2）带球时控制球速和方向。

🎺 **注意事项**

每次只能翻起一个碗，并且需要控制好球。

---

4 游戏名称：托马斯小火车

锻炼目标：

（1）足球技术：带球变向、带球观察、带球变速。

（2）运动能力发展：灵敏、协调、反应。

（3）社会情感目标：规则、社交、团队合作。

适合年龄：U4，U5，U6。

游戏器材：小足球、标志桶、分队服。

游戏方法：

（1）红蓝两队幼儿在规定区域内自由带球（开火车）躲避障碍物（树林）。

（2）教练发出颜色指令"蓝色"，即蓝队幼儿停止带球，两脚分开，在一分钟内看红队幼儿谁运球（小火车）从蓝队幼儿双脚之间（隧道）穿过次数最多。

游戏变化：

（1）每次带球穿过一个隧道时，换另外一只脚带球。

（2）同时叫多组小火车进行比赛。

指导要点：

（1）观察。

（2）改变方向和控制力度。

🎵 **注意事项**

教练注意提醒队员双脚张开，避免影响小火车穿越隧道。

---

5 **游戏名称：勤劳的邮递员**

锻炼目标：

（1）足球技术：带球变向、带球观察、带球加速。

（2）运动能力发展：灵敏、协调、反应、速度。

（3）社会情感目标：规则、社交、尊重。

适合年龄：U4，U5，U6。

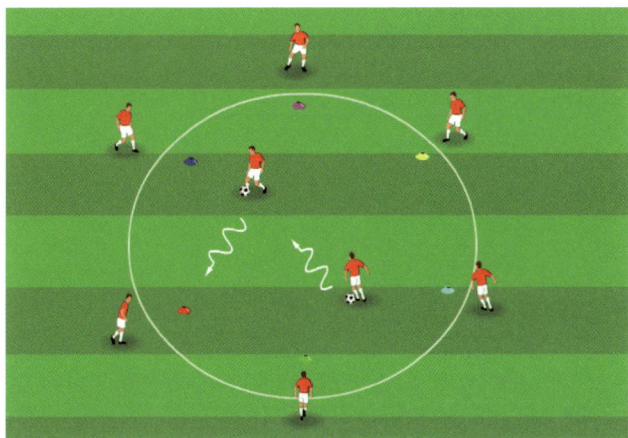

游戏器材：小足球、标志盘、分队服。

游戏方法：

（1）圆圈内有6个邮政局，门口分别放置不同颜色的邮筒（标志盘），并有一个邮递员（幼儿）在圈外附近等待。

（2）圈内有两名邮递员送信（运球），随意选择一个颜色的邮筒投递，即将球停放在邮局门口的标志盘处，同时叫出一种颜色，在圈外等待的邮递员需要送信到指定颜色的邮筒，如此循环。

（3）两名邮递员，选择随意送。如果送到某个邮局门口，该邮局的邮递员则带球送到另一个邮局。

游戏变化：

（1）可先用手持球进行游戏。

（2）邮递员交接时叫出两种颜色，后面的邮递员需要先经过第一种颜色邮局后送信到第二种颜色的邮局。

（3）中间增加小货车（教练），途中需要躲避。

指导要点：

（1）观察、沟通呼应。

（2）带球速度和变向。

😗 **注意事项**

刚开始会有邮递员忘记叫颜色，教练可以反复强调一下，幼儿很快就会适应。

6 **游戏名称：不倒翁**

锻炼目标：

（1）足球技术：带球变向、带球观察。

（2）运动能力发展：灵敏、协调、平衡。

（3）社会情感目标：规则、团队合作、社交。

适合年龄：U5，U6。

游戏器材：小足球、标志桶、分队服。

游戏方法：

（1）幼儿分两组，在规定范围内放置若干不倒翁（标志桶）。

（2）一队带球将不倒翁推倒，另一队需要将不倒翁扶起。

（3）在规定时间内不倒翁站着（或倒下）数量多的队伍获胜。

（4）两队互换角色，继续游戏。

游戏变化：

（1）幼儿带球到标志桶附近后，需完成 10 次踏球后才可推倒（或扶起）不倒翁。

（2）加入教练防守，带球过程中需要躲避教练。

指导要点：

（1）带球变向。

（2）观察目标标志桶、教练。

🎵 **注意事项**

带球过程中注意抬头，不要互相撞到。

---

7 **游戏名称：抓地鼠**

锻炼目标：

（1）足球技术：带球变向、带球观察、护球。

（2）运动能力发展：灵敏、协调、反应、力量。

（3）社会情感目标：规则、社交、勇敢。

适合年龄：U4，U5。

游戏器材：小足球、标志桶。

游戏方法：

（1）教练与幼儿在规定范围内做抓地鼠游戏（幼儿可利用蹲下躲避），躲避时间不可超过 3 秒。

（2）幼儿在规定范围内运球，不能出界、碰撞到其他小朋友。

（3）教练加入游戏，慢速抢球，幼儿在规定范围内运球并躲避教练。

游戏变化（难度调整）：

（1）调整范围大小。

（2）教练加入后变换移动速度。

指导要点：

（1）触球力量、频率。

（2）观察。

🎺 **注意事项**

提醒幼儿观察，改变方向。

---

8 **游戏名称：寻找山峰**

锻炼目标：

（1）足球技术：带球变向、带球观察、带球停球。

（2）运动能力发展：灵敏、协调、速度。

（3）社会情感目标：规则、自信、社交。

适合年龄：U4，U5。

游戏器材：小足球、标志桶、分队服。

游戏方法：

（1）幼儿排成小火车在山峰（标志桶）外侧运球，并观察所经过的山峰的颜色。

（2）幼儿运球到教练指定颜色的山峰旁停球。

（3）幼儿在山峰内圈随意运球，听教练指令抢占相应颜色的山峰停球。

游戏变化（难度调整）：

（1）圈内增加地雷（标志盘），幼儿带球时须躲避地雷。

（2）减少山峰（标志桶）数量。

指导要点：

（1）抬头观察。

（2）带球、停球。

🎺 **注意事项**

带球时要抬头观察，选择空的山峰停球；不可大力踢球。

9 **游戏名称:安全岛**

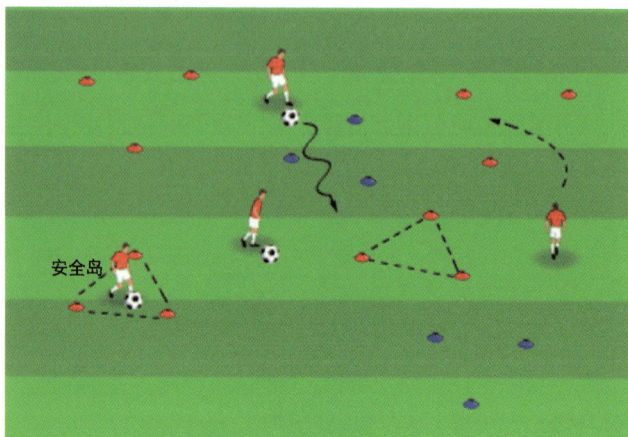

锻炼目标:

(1) 足球技术:带球变向、带球观察、触球部位。

(2) 运动能力发展:灵敏、协调、反应。

(3) 社会情感目标:规则、自信、勇敢。

适合年龄: U4,U5,U6。

游戏器材: 小足球、标志盘、分队服。

游戏方法:

(1) 幼儿在安全岛外边运球。

(2) 教练吹哨后迅速选择任意安全岛停球。

(3) 幼儿运球穿过所有安全岛(从一侧进,另一侧出)。

(4) 加入"鳄鱼"防守,交换防守。

游戏变化(难度调整):

(1) 要求每个安全岛只能站一个人。

(2) 增加防守的人数。

指导要点：

（1）控球变向。

（2）带球停球。

注意事项

关注幼儿的状态；增加或降低难度，鼓励幼儿勇敢挑战。

⑩ 游戏名称：拯救火焰山

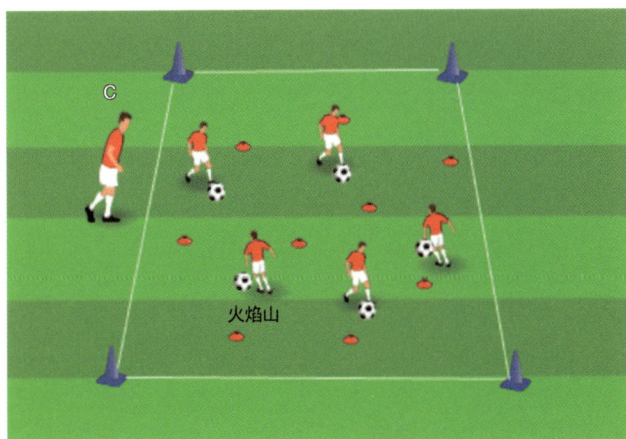

锻炼目标：

（1）足球技术：带球转身、带球观察、触球力度及频率。

（2）运动能力发展：灵敏、协调、速度、柔韧。

（3）社会情感目标：规则、社交。

适合年龄：U4，U5。

游戏器材：小足球、标志盘、标志桶。

游戏方法：

（1）幼儿抱球双脚跳过火焰山（红色标志盘）。

（2）幼儿一边练习魔法技能（绕标志盘运球），一边观察火焰山是否会喷发。

（3）幼儿运球达到3圈（圈数根据教练指令确定）后，魔法技能修炼成功并获得"超能力"。

（4）火焰山喷发（教练将标志盘翻转），幼儿变身魔法师，使用魔法技能绕火焰山带球3圈，"超能力"爆发，扑灭大火（标志盘恢复原位）。

游戏变化（难度调整）：

（1）变化魔法技能，改为绕着标志盘在行进中踩球或脚内侧敲球。

（2）教练干扰幼儿使用"超能力"（破坏幼儿踩球或敲球动作）。

指导要点：

（1）触球力量。

（2）带球变向。

🎺 **注意事项**

提醒幼儿不能破坏标志盘。

🔴11 **游戏名称：翻山越岭**

锻炼目标：

（1）足球技术：带球变向、带球观察、带球变速。

（2）运动能力发展：灵敏、协调、平衡。

（3）社会情感目标：规则、自信。

适合年龄：U4、U5、U6。

游戏器材：小足球、标志盘、标志桶、分队服。

游戏方法：

（1）幼儿变成赛车手在黄色加油站（黄色标志桶）集合，原地踩

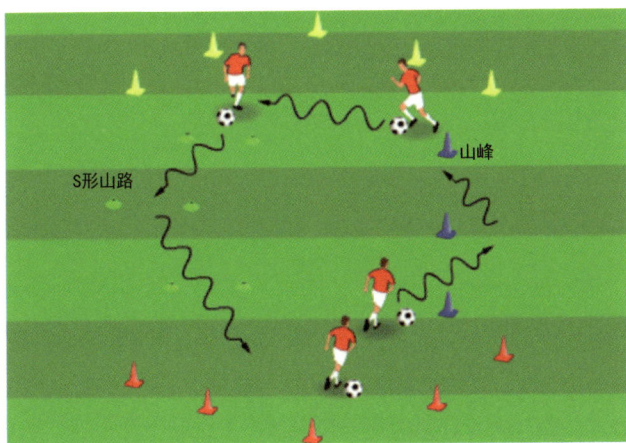

球加油。

（2）幼儿运球穿过 S 形山路，穿过山峰、峡谷。

（3）幼儿连续完成 3 圈后到指定加油站踩球。

游戏变化（难度调整）：

（1）增加山路、山峰数量。

（2）减小标志物之间的距离。

指导要点：

（1）抬头观察。

（2）运球变向。

注意事项

多名幼儿一起穿过山路时，避免碰撞。

⑫ **游戏名称：停车高手**

锻炼目标：

（1）足球技术：带球变向、带球观察。

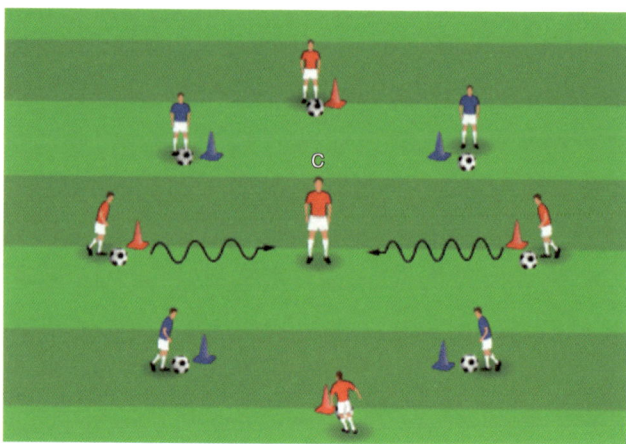

（2）运动能力发展：灵敏、协调、反应。

（3）社会情感目标：规则、自信、坚韧。

适合年龄：U4，U5。

游戏器材：小足球、分队服、标志桶。

游戏方法：

（1）幼儿分两队（不同颜色分队服），每人有一个同色标志桶作为停车位。

（2）红队幼儿同时相向运球，相互交换停车位。

（3）红、蓝两队幼儿同时出发，交换到不同颜色的停车位（如红色幼儿换到蓝色停车位）。

游戏变化（难度调整）：

（1）中间增加路障。

（2）增加防守队员承担破坏任务。

指导要点：

（1）运球观察。

（2）带球变向。

> **注意事项**
>
> 控制速度及触球力度,避免相撞。

⑬ 游戏名称:遨游太空

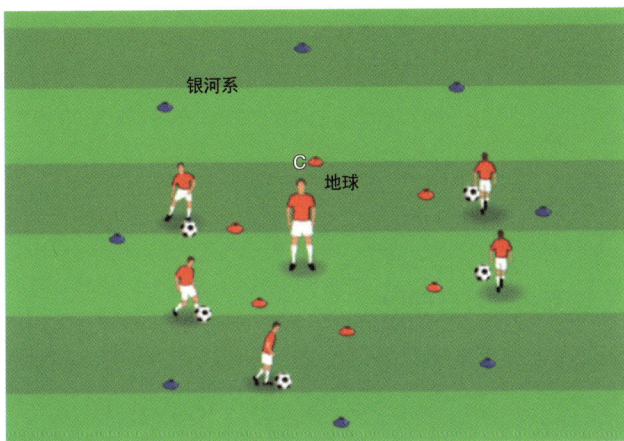

锻炼目标:

(1) 足球技术:带球转身、带球观察。

(2) 运动能力发展:灵敏、协调、反应、速度。

(3) 社会情感目标:规则、自信、勇敢。

适合年龄: U4,U5,U6。

游戏器材: 小足球、标志盘。

游戏方法:

(1) 用不同颜色标志盘设立不同区域,如红色代表地球,蓝色代表银河系,教练站立在某个区域中。

(2) 幼儿在教练站立区域运球。

(3) 教练随机变换站立区域,幼儿快速运球到该区域。

（4）多次重复。

游戏变化（难度调整）：

（1）教练手举标志盘，幼儿运球到标志盘颜色对应的区域。

（2）展开竞争，看谁的速度快。

指导要点：

（1）触球力量、频率。

（2）运球方向。

🎵 注意事项

提醒幼儿观察，多触球，避免相撞或超出范围。

14 **游戏名称**：汪汪队长

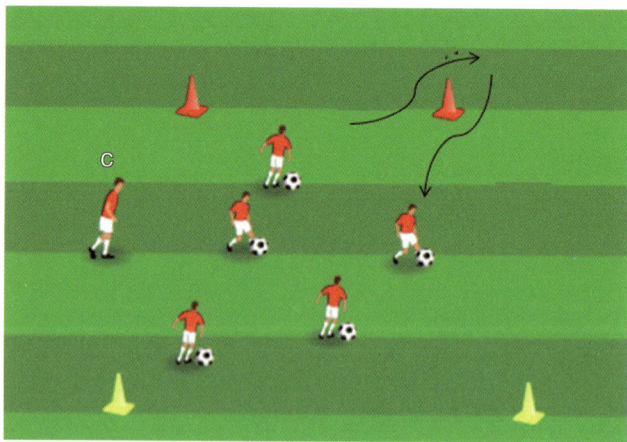

锻炼目标：

（1）足球技术：带球转身、触球部位、带球变速。

（2）运动能力发展：灵敏、协调、反应、速度。

（3）社会情感目标：规则、自信、社交。

适合年龄：U4，U5。

游戏器材：小足球、标志桶。

游戏方法：

（1）幼儿在场地内随意带球，迎面遇到其他队员用"你好""拜拜"打招呼。

（2）教练吹哨，大家带球快速绕过标志桶回来。

（3）教练选择一位队员做汪汪队长，汪汪队长在场地内跟遇到的一位队友打招呼后运球转身，再去找其他队友完成同样的动作。

（4）轮换汪汪队长进行练习。

游戏变化（难度调整）：

（1）要求汪汪队长找到 5 名幼儿打招呼。

（2）要求汪汪队长在一定时间内完成任务。

指导要点：

（1）将球保持在自己控制范围内。

（2）保持注意力，注意观察，和其他学员保持距离。

🎺 **注意事项**

教练要控制好幼儿间的距离，防止幼儿挤在一起。

三、带球变速

在足球比赛中，球员可以利用带球速度的变化，或者"急停和启动"的办法达到甩掉对手的目的。变速带球虽然是比较简单的技术，但也是过掉对手非常有效的办法。这要求带球者必须有很好的球性球感，通过对控球速度的变化和节奏的调整，在比赛中游刃有余。变速方面的练习可以通过短跑及折返跑的训练来达成。对于幼儿来说，带球变速跑游戏不仅能锻炼足球技术，还能增加跑步乐趣，而且对提高幼儿身体机能也大有好处。

1 **游戏名称：护送宝贝回家**

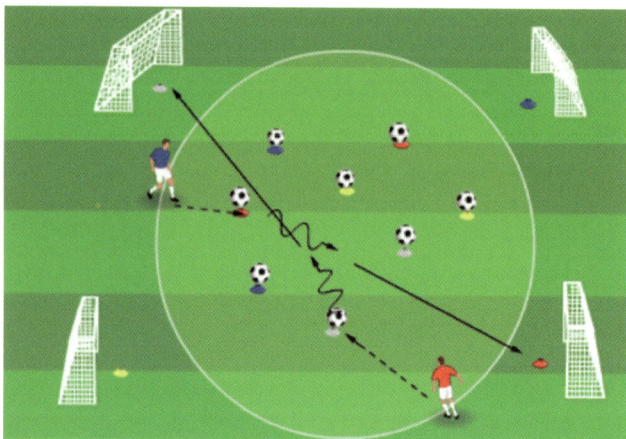

锻炼目标：

（1）足球技术：带球变速、触球部位、带球节奏。

（2）运动能力发展：灵敏、协调、速度。

（3）社会情感目标：规则、团队合作。

适合年龄： U4，U5，U6。

游戏器材： 小足球、标志盘、分队服。

游戏方法：

（1）场地四角放四个小门，用标志盘分别标记四种颜色，场地内放置四色标志盘若干，各置一球在其上。

（2）幼儿（护卫队员）拿球（护送宝贝）后，加速带球离开，接近球门时减速，完成射门（送宝贝进家）。

（3）一轮结束后，得分（成功送进家门）最多的幼儿为获胜者。

游戏变化：

（1）可以规定在运送宝贝途中必须先带球围绕别的宝贝转一圈。

（2）射门时如果球没进球门,需要将球捡回来,放在原来的标志盘上,再重新运送。

指导要点:

（1）观察。

（2）控制球速和射门准确度。

2 游戏名称:穿越火线

锻炼目标:

（1）足球技术:带球变速、带球观察、带球变向。

（2）运动能力发展:灵敏、协调、速度。

（3）社会情感目标:规则、自信、勇敢。

适合年龄:U5,U6。

游戏器材:小足球、标志桶、分队服。

游戏方法：

（1）带球幼儿在一侧红色基地做准备，中间设置两个蓝色通道，每个通道内有一名防守幼儿，防守幼儿只能在通道内横向移动。

（2）教练吹哨后队员带球躲避防守幼儿到另一侧红色基地。

（3）球被防守幼儿踢掉者淘汰，坐到场地外。

（4）几个来回后留到最后的幼儿获胜。

（5）交换防守幼儿。

游戏变化：

（1）增加通道数量。

（2）每个通道内增设两名防守幼儿。

指导要点：

（1）观察防守幼儿位置。

（2）变向技术、带球加速、观察能力。

🎺 **注意事项**

防守时只可以踢球，不可推拉带球幼儿。

3 游戏名称：孤岛夺宝

锻炼目标：

（1）足球技术：带球变速、带球观察、触球力度。

（2）运动能力发展：灵敏、协调、速度、柔韧。

（3）社会情感目标：规则、自信。

适合年龄： U5、U6。

游戏器材： 小足球、标志盘、标志桶。

游戏方法：

（1）幼儿在孤岛（黄色标志桶围成的圈）外带球，孤岛内放置 4

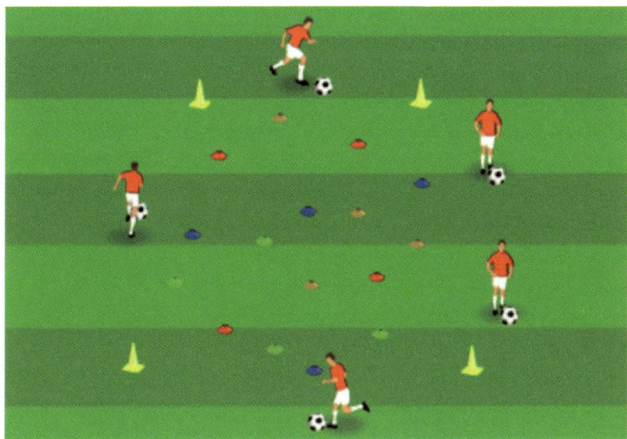

种颜色的标志盘(每种颜色的标志盘少于幼儿数量)。

(2)教练吹哨后幼儿快速带球到孤岛内拿一个教练指定颜色的标志盘,没有拿到的幼儿被淘汰。

(3)新一轮游戏开始,教练减少标志盘数量,如此循环,留到最后的幼儿获胜。

游戏变化:教练不喊颜色口令,改为举标志盘,要求幼儿带球时用眼睛观察。

指导要点:

(1)带球加速。

(2)观察目标标志盘、教练。

🎺 **注意事项**

在标志盘旁停住球才可拿标志盘,不能抢夺。

④ 游戏名称:"国家"地理

锻炼目标:带球变向、观察力、带球加速。

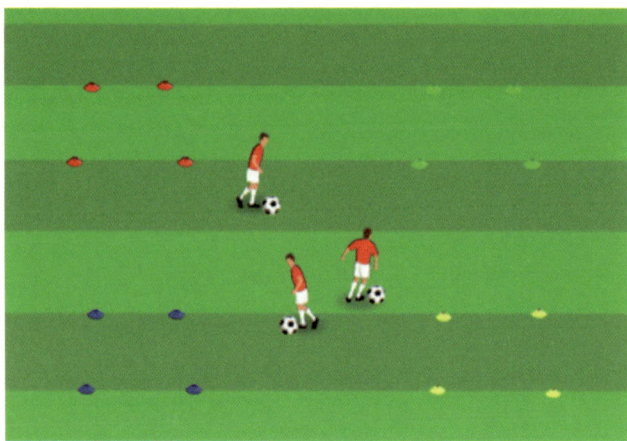

身体发展目标:有氧能力、灵敏、平衡。

社会情感目标:自信、坚韧、规则。

适合年龄:U5,U6。

游戏器材:小足球、标志盘。

游戏方法:

(1)场上设置四个国家(四个颜色一样标志盘组成的区域),幼儿在国家外带球。

(2)教练吹哨后幼儿需要快速带去到教练指定的国家(可同时指定多个国家)。

(3)最后进入国家的幼儿淘汰,留到最后的幼儿获胜。

游戏变化:

(1)限制每个国家里边的可站人数。

(2)教练指定的国家不可以去。

(3)教练不喊颜色,改为举标志盘。

指导要点:

(1)带球变向。

（2）带球加速。

（3）带球时抬头观察。

注意事项

　带球过程中躲避其他幼儿，不要撞到或者踢别人的足球。

5 游戏名称：彩虹桥

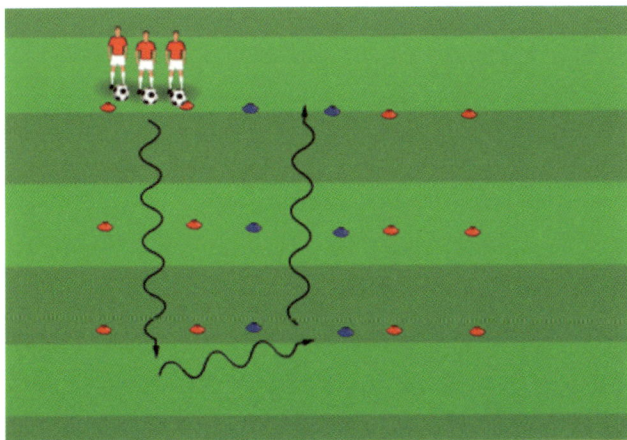

锻炼目标：

（1）足球技术：带球变速、带球观察、触球力度。

（2）运动能力发展：灵敏、协调、速度。

（3）社会情感目标：规则、自信、勇敢。

适合年龄： U5，U6。

游戏器材： 小足球、标志桶。

游戏方法：

（1）设置三座彩虹桥（三对标志盘组成）。

（2）幼儿根据教练指令依次带球穿过每座彩虹桥。

（3）最快完成的幼儿获胜。

游戏变化：

（1）教练举标志盘，幼儿观察标志盘颜色穿过对应彩虹桥。

（2）将幼儿平均分成两组运球出发，按照教练要求穿过彩虹桥后，回到队伍中与下一个人击掌。后面的人接力出发，先完成的一组胜出。

指导要点：

（1）直线带球加速，变向前减速。

（2）带球变向。

> 📣 **注意事项**
>
> 带球时注意和其他幼儿拉开距离，避免互相干扰。

6 游戏名称：小小领航员

锻炼目标：

（1）足球技术：带球变速、带球变向、触球频率。

（2）运动能力发展：灵敏、协调、速度、柔韧。

（3）社会情感目标：规则、社交、感恩。

适合年龄：U4，U5。

游戏器材：小足球、标志盘、分队服。

游戏方法：

（1）两个幼儿一组，每组一个球。场地的四边各有一个通道。

（2）每组中一个幼儿为领航员（开球队员），另一个幼儿带球。

（3）领航员在前慢速带路，带球的幼儿在领航员后运球。

（4）各组幼儿在规定范围内慢速移动，教练发出指令（红、橙、蓝、绿），领航员需根据指令带领队友穿过相应的通道。

游戏变化（难度调整）：

（1）调整通道的大小。

（2）穿过通道后需从原通道返回。

指导要点：

（1）多用言语与队友交流沟通（快了或慢了）。

（2）领航员注意观察，预判合适的行进路线。

> 🎺 **注意事项**
>
> 　教练适当帮助幼儿调整在规定范围内行进的路线。

7　游戏名称：逃脱城堡

锻炼目标：

（1）足球技术：带球变速、带球观察、带球变向。

（2）运动能力发展：灵敏、协调、速度。

（3）社会情感目标：规则、勇敢。

适合年龄：U4，U5。

游戏器材：小足球、标志盘、标志桶、分队服。

游戏方法：

（1）教练带领幼儿在城堡内（黑色标志盘区域内）抱球跑步，不能跑到城堡外边。

（2）幼儿在城堡内任意跑步，听到教练指令后迅速从城门逃脱。

（3）幼儿用脚带球，听到指令用脚带球逃脱。

游戏变化（难度调整）：

（1）限定逃脱时间。

（2）增设防守城门幼儿，有防守的城门不能通过。

指导要点：

（1）抬头观察。

（2）带球变向。

🎺 **注意事项**

　　提醒幼儿跑步带球时要抬头看，尽量找空的地方。防守幼儿只可防守球门，不能抢球。

8 游戏名称：逛果园

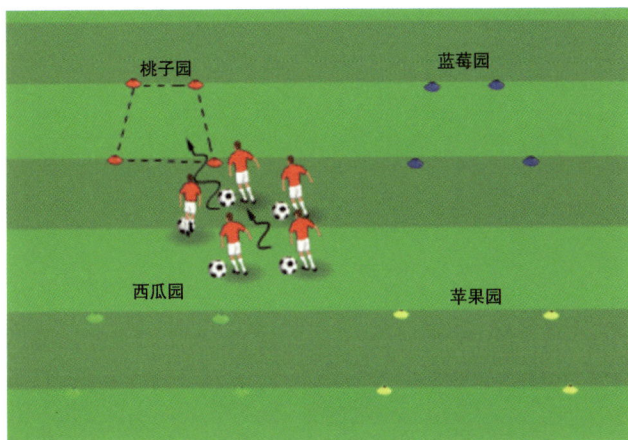

锻炼目标：

（1）足球技术：带球变速、球性球感、带球观察。

（2）运动能力发展：灵敏、协调、速度、平衡。

（3）社会情感目标：规则、自信。

适合年龄： U4，U5。

游戏器材： 小足球、标志盘、分队服。

游戏方法：

（1）召集幼儿在果园（不同颜色标志盘标记的范围代表不同的果园）外集合，请幼儿按照教练指定的颜色运球去到相应的果园中。

（2）幼儿按照教练的指令在果园内练习踩球、拉球、敲球、抛球。

（3）幼儿按教练指令，从所在的果园运球去相应颜色的果园。

游戏变化（难度调整）：

（1）教练手举标志盘，幼儿运球时注意观察，如果教练手中标志盘为黄色，则幼儿须去往黄色标志盘标记的果园。

（2）教练设定竞赛任务，要求幼儿运球到4个果园（每个果园都要到达一次），先完成的幼儿获胜。

指导要点：

（1）球性球感。

（2）运球变向。

📣 **注意事项**

竞赛时提醒幼儿抬头观察，选择人少的果园。

---

9 **游戏名称：虾米过河**

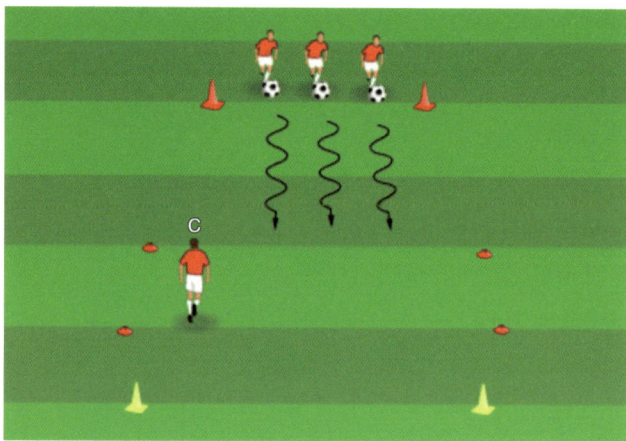

锻炼目标：

（1）足球技术：带球变速、观察、变向。

（2）运动能力发展：灵敏、协调、速度。

（3）社会情感目标：规则、团队合作、自信。

适合年龄：U4，U5。

游戏器材：小足球、标志盘、标志桶。

游戏方法：

（1）教练扮演螃蟹在两对红色标志盘（河）中间横向慢速移动，阻拦幼儿过河。

（2）幼儿扮演虾米带球过河到对岸，当遇到螃蟹时停球，等螃蟹移走后继续带球前进。

游戏变化（难度调整）：

（1）选一名幼儿做螃蟹。

（2）选两名幼儿做螃蟹，同时防守。

指导要点：

（1）幼儿提前观察预判螃蟹的位置。

（2）加速与减速的时机和距离。

🎺 **注意事项**

幼儿带球不能过快。

🔟 **游戏名称：七龙珠**

锻炼目标：

（1）足球技术：带球变速、球性球感、带球观察。

（2）运动能力发展：灵敏、协调、反应、速度。

（3）社会情感目标：规则、团队合作、社交。

适合年龄：U4，U5。

游戏器材：小足球、标志盘。

游戏方法：

（1）幼儿在规定区域内随意带球，不得撞到其他人。

（2）教练吹哨后喊出一个数字（1～7），所有幼儿根据数字将相应数量的球（龙珠）靠在一起即可召唤神龙。

（3）没有集齐龙珠的幼儿需踏球五次后可召唤神龙。

游戏变化（难度调整）：

加入通道（即两个标志桶之间），神龙集合前须先运球通过通道。

指导要点：

（1）多用眼睛余光观察，不要撞到其他人。

（2）减速停球的时机与距离。

🎵 **注意事项**

　带球速度不能太快，尽量增加触球机会。

四、带球变向、变速

　　足球最能给人带来快乐的瞬间莫过于"过掉对手"的一刹那。对于幼儿来说，"过掉对手"也可以让他们充分体验到足球运动的刺激，从而唤醒他们的足球热情。

　　在足球运动中，过人的方式五花八门，但总的归纳起来无非是变向和变速两个大的方面。对于变向过人来说，对练习者要求更多的是对足球和身体的控制能力；对于变速过人来说，对练习者要求更多的则是对足球和身体的变速能力。带球变向及变速两方面的练习都熟练后，就可以将两者结合起来练习，不断提高控制身体运动方向的能力。

❶ 游戏名称：超能蜘蛛侠

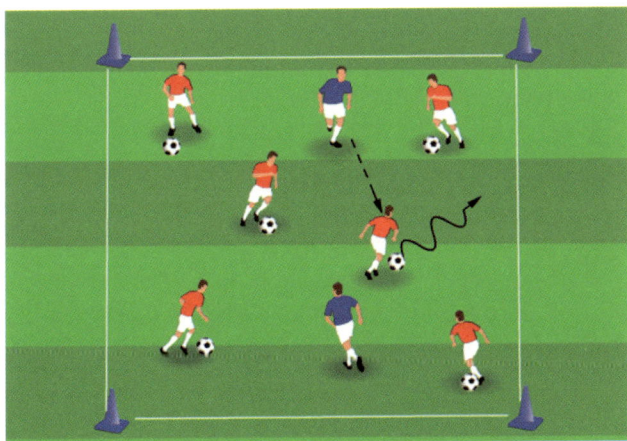

锻炼目标：

（1）足球技术：带球变向、变速、带球观察。

（2）运动能力发展：灵敏、协调、反应判断、速度。

（3）社会情感目标：规则、勇敢、自信。

适合年龄： U5，U6。

游戏器材： 小足球、标志盘、分队服。

游戏方法：

（1）红队在区域内自由带球，并躲避蓝队（超能蜘蛛侠）的追捕。

（2）蓝队掷出手中的分队背心（蜘蛛网）网住足球（猎物），即算抓捕成功。

（3）红队的球被抓到后有一次复活机会，即需要在区域外完成左右脚内侧交替敲球30次。

（4）两分钟后依然存活的猎物（红队带球队员）即为胜者，角色互换，继续游戏。

游戏变化：

（1）被网住球的队员双脚分开站在场区内，其他队员将球轻轻地从其双腿间穿过即为救援成功。

（2）减少或增加蜘蛛侠数量。

指导要点：

（1）观察蜘蛛侠。

（2）带球变速、变向技术、护球技术。

🏁 **注意事项**

　　猎物在区域内带球，若带球出了区域也视同被捕捉成功。

2 **游戏名称：丛林冒险**

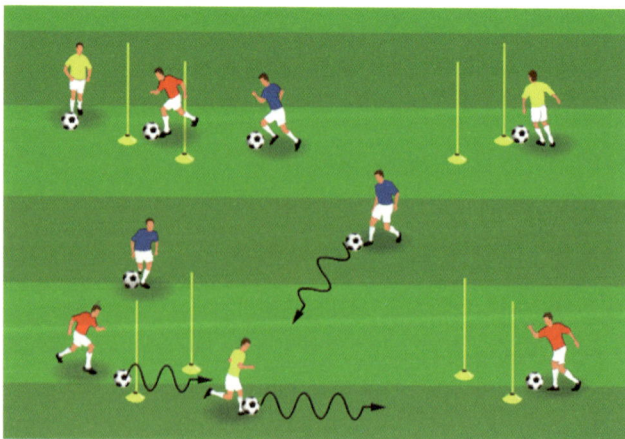

锻炼目标：

（1）足球技术：带球变向、变速、带球观察、触球力度。

（2）运动能力发展：灵敏、协调、反应判断、速度。

（3）社会情感目标：规则、勇敢、自信、尊重。

适合年龄：U5，U6。

游戏器材：小足球、分队服、标志杆。

游戏方法：

（1）红、黄色的小动物（红队、黄队队员）在区域内带球，躲避蓝色猛兽（蓝队队员）的带球追捕。

（2）红、黄色的小动物可以利用树木（标志杆）的遮挡来躲避猛兽，也可以从树木之间穿过。

（3）猛兽不能从树木之间穿过，只能绕过树木追捕小动物，用手触碰到小动物即算抓捕成功。

（4）被抓到的小动物需带球绕丛林三圈后再加入活动；两分钟后轮换另外一组为猛兽。

游戏变化：

1. 猛兽不带球，只要用脚触碰到小动物的球即算捕捉成功。

2. 减少或增加猛兽数量。

指导要点：

1. 观察猛兽。

2. 带球变速、变向技术。

🎺 **注意事项**

"小动物"在区域内带球，若带球出了区域也视同被捕捉。

3 游戏名称：穿越火线

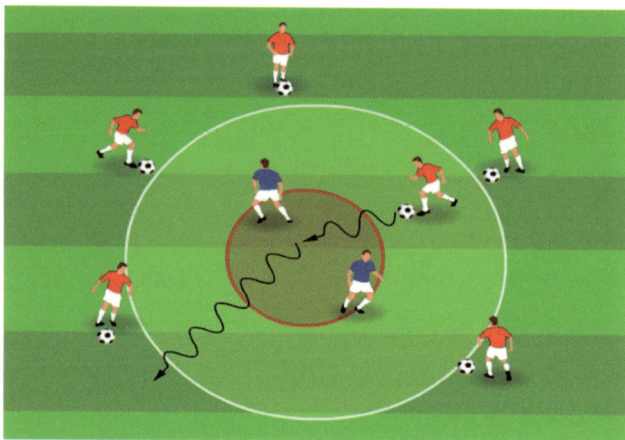

锻炼目标：

（1）足球技术：带球变向、变速、带球观察、触球力度。

（2）运动能力发展：灵敏、协调、反应判断、速度。

（3）社会情感目标：规则、团队合作、自信。

适合年龄：U5，U6。

游戏器材：小足球、标志盘、分队服。

游戏方法：

（1）红队队员（勇士）带球进入红色小圆（敌军阵地），再安全带球穿过大圆外即得 1 分。

（2）勇士需躲避蓝色队员（巡警）的追捕，若被巡警踢到球，此次穿越任务不得分。

（3）被抓到的勇士需要在白圈外完成左右脚内侧敲球 30 次才能复活。

（4）两分钟后完成穿越火线成功次数最多的勇士即为胜者。更换角色，继续游戏。

游戏变化：

（1）换成用手持球进行游戏，被巡警触碰到身体即算失败。

（2）减少或增加巡警数量。

指导要点：

（1）观察巡警位置和队友的意图。

（2）带球变向技术，带球加速技术。

注意事项

　　因为幼儿会有追逐，提醒巡警不要用力拍打、推、踢勇士。

④　游戏名称：胜利大逃亡

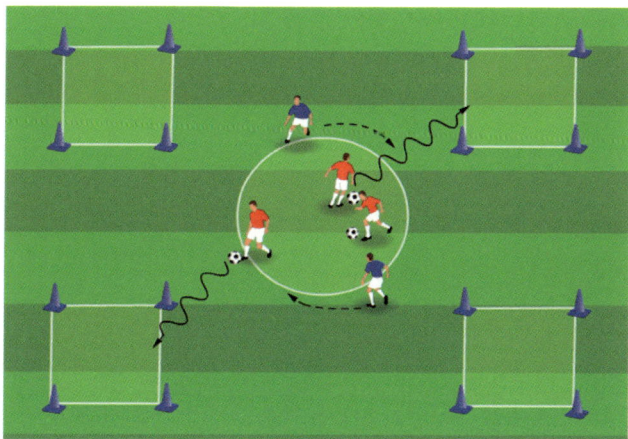

锻炼目标：

（1）足球技术：带球变向、变速、带球观察、触球力度。

（2）运动能力发展：灵敏、协调、反应判断、速度。

（3）社会情感目标：规则、勇敢、自信。

适合年龄：U4，U5，U6。

游戏器材：小足球、标志盘、分队服。

游戏方法：

（1）红队队员（各种动物）带球逃出红色小圆（动物园），并安全回到四角（家）即得1分。

（2）蓝队队员（保安）需阻止红队逃跑，红队的球若被蓝队踢到，红队则需回到动物园中完成左右脚交替踩球30次才能再次获得逃跑机会。

（3）1分钟后成功逃跑的小动物即为胜者。更换角色，继续游戏。

游戏变化：

（1）换成用手持球进行游戏，被保安触碰到身体即算逃跑失败。

（2）减少或增加保安数量。

指导要点：

（1）观察保安位置和队友的意图。

（2）带球变速、带球变向技术。

⚽ 注意事项

因为幼儿会有追逐，提醒"保安"不要用力拍打、推、用力踢"小动物"。

---

5 游戏名称：问候早安

锻炼目标：

（1）足球技术：带球变向、变速、带球观察。

（2）运动能力发展：灵敏、协调、速度。

（3）社会情感目标：规则、自信、尊重。

适合年龄：U4，U5，U6。

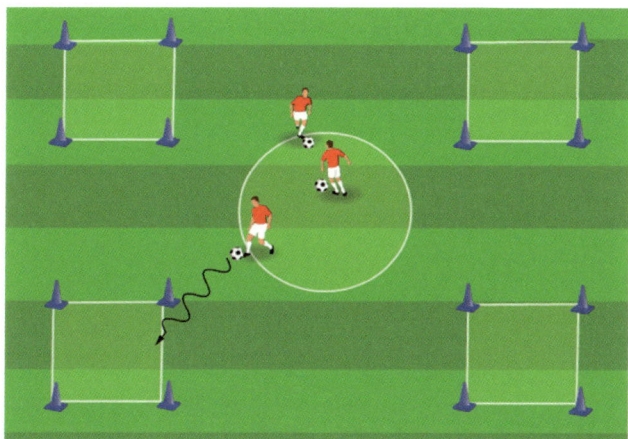

游戏器材：小足球、标志盘。

游戏方法：

（1）幼儿在圆圈内带球，遇到队友后停住球，同队友击掌并相互问候早安。

（2）问过早安后需要带球进入任意一个圈外的方块区，然后返回圆圈内再次与队友击掌问候。

（3）两分钟后看哪位小队员给予了队友最多的问候，即为获胜者。

游戏变化：

（1）刚开始可以尝试用手抱球进行游戏。

（2）每次问候的时候相互交换足球。

指导要点：

（1）观察、呼应。

（2）控制球速。

🐚 **注意事项**

除了问候"早安"外，也可以用"Good Morning"等问候语。

6 游戏名称：互换礼品

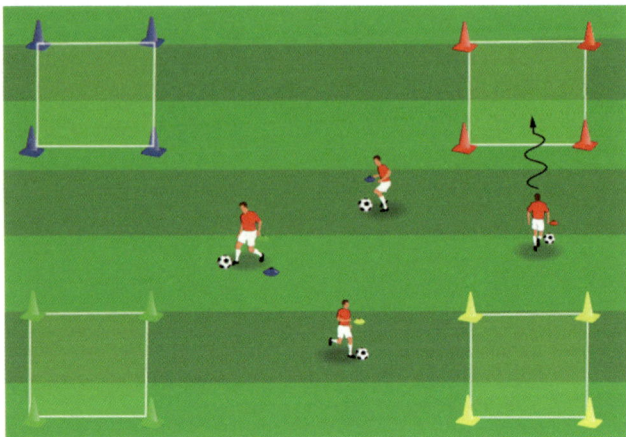

锻炼目标：

（1）足球技术：带球变向、变速、带球观察。

（2）运动能力发展：灵敏、协调、速度。

（3）社会情感目标：规则、社交、尊重。

适合年龄：U4，U5，U6。

游戏器材：小足球、标志盘、标志桶。

游戏方法：

（1）幼儿们带球，手中各持一个标志盘（礼物），寻找持不同颜色标志盘的队友互相交换礼物。

（2）当教练发出"回家"指令后，队员们快速寻找与手中颜色匹配的方块区并带球进入，最后一位幼儿需完成教练指定的球感练习，比如30次左右脚交替踏球。

游戏变化：

（1）刚开始可以尝试用手抱球进行游戏。

（2）交换礼物后需要带球进入任意一个方块区后返回，再次与队友交换礼物。

指导要点：

（1）观察、呼应。

（2）控制球速。

> 🎺 **注意事项**
>
>   每次交换礼物时需要将球控制住。

7 **游戏名称：你追我逃**

锻炼目标：

（1）足球技术：带球变向、变速、带球观察。

（2）运动能力发展：灵敏、协调、反应判断、速度。

（3）社会情感目标：规则、勇敢、自信、尊重。

适合年龄：U4，U5，U6。

游戏器材：小足球、标志盘、分队服。

游戏方法：

（1）两人一组，每人一球，红蓝队员相隔一定距离，相向站立。

（2）教练发出颜色指令（蓝色）后，蓝队队员带球逃避红队队员的追捕，蓝队队员带球穿过任意两个红色的小门（标志盘）即逃跑成功。

游戏变化：

（1）可先用手持球完成游戏，降低难度。

（2）成功穿过三个小门后可以反抓追捕者。

指导要点：

（1）反应快、观察。

（2）改变方向和控制力度。

🎺 **注意事项**

不能重复连续地穿过同一个小门。

---

8 **游戏名称：传送门**

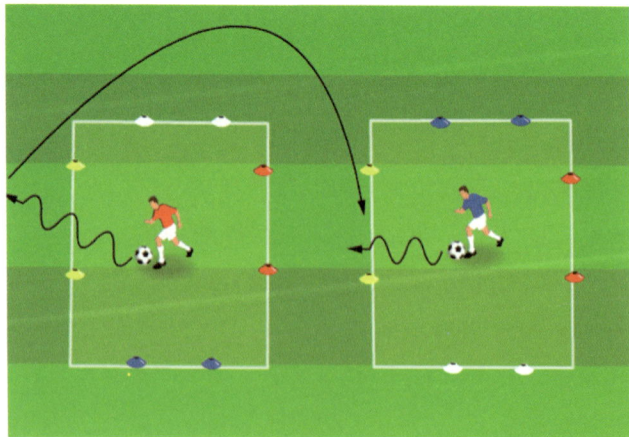

锻炼目标：

（1）足球技术：带球变向、变速、带球观察、触球力度。

（2）运动能力发展：灵敏、协调、反应判断、速度。

（3）社会情感目标：规则、团队、竞争意识。

适合年龄：U4，U5，U6。

游戏器材：小足球、标志盘、分队服。

游戏方法：

（1）两组幼儿分别在两个方块区内自由带球，每个方块区四边放有不同颜色标志盘组成的小门。

（2）教练发出颜色指令，如"蓝色"，两组队员都需要从本方蓝色小门通过后，带球从对方蓝色小门进入对方方块区，先完成任务的一组队伍获胜。

游戏变化：

（1）可以在行进中破坏对手的球。

（2）给队员编号，教练每次每组叫一个数字和一个颜色，进行一对一对决。

指导要点：

（1）带球观察。

（2）带球时变向和变速技术。

🎺 **注意事项**

教练需要照顾不同水平的幼儿，实力相近的幼儿之间对决会更能激发竞赛意识。

9 **游戏名称：幸运之门**

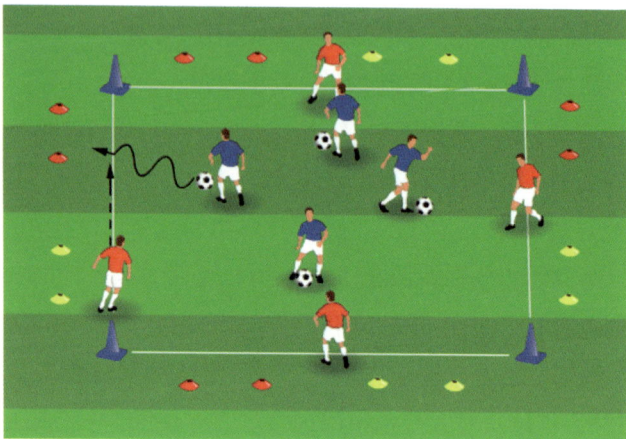

锻炼目标：

（1）足球技术：带球变向、变速、带球观察。

（2）运动能力发展：灵敏、协调、反应判断、速度。

（3）社会情感目标：规则、勇敢、自信。

适合年龄： U5，U6。

游戏器材： 小足球、标志盘、标志桶、分队服。

游戏方法：

（1）四名幼儿在边线进行防守，剩下的幼儿在规定范围内带球。

（2）教练吹哨后，带球幼儿躲避防守通过通道得分，得分后回到范围内。

（3）每次吹哨只有一次得分机会，通过通道加 10 分，被防守幼儿踢到球则不得分。

（4）10 个回合后得分多的幼儿获胜。

（5）交换防守队员。

游戏变化：

（1）增加（减少）通道数量。

（2）增加防守幼儿数量。

指导要点：

（1）观察防守幼儿位置。

（2）变向技术、带球加速、观察能力。

🎽 **注意事项**

防守时只可以踢球，不可推拉带球幼儿。

⑩ 游戏名称：捕鱼小达人

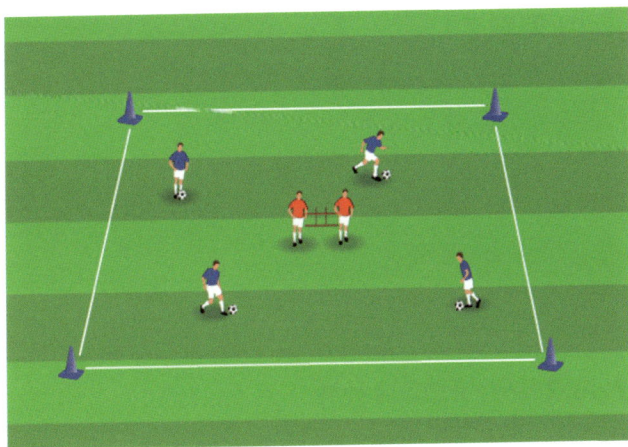

锻炼目标：

（1）足球技术：带球变向、变速、带球观察、触球力度。

（2）运动能力发展：灵敏、协调、反应判断、速度。

（3）社会情感目标：规则、勇敢、自信。

适合年龄：U5，U6。

游戏器材：小足球、标志桶、分队服。

游戏方法：

（1）挑选两名幼儿做渔夫，两人需要拿着渔网（背心）捕"鱼"。

（2）剩下的幼儿在规定范围内（蓝色区域内）带球躲避渔夫，被渔网网到的幼儿淘汰，并站到鱼塘外（蓝色区域外）。

（3）留到最后的渔夫获胜。

（4）交换角色，继续游戏。

游戏变化：

（1）增加渔夫、渔网数量。

（2）限制渔夫移动方式，如只能跳跃或行走。

指导要点：

（1）带球变向。

（2）带球加速。

（3）观察渔夫位置。

🎺 **注意事项**

捕鱼时注意不要绊到脚。

⑪ 游戏名称：宝藏安全计划

锻炼目标：

（1）足球技术：带球变向、变速、带球观察、触球力度。

（2）运动能力发展：灵敏、协调、反应判断、速度。

（3）社会情感目标：规则、勇敢、自信。

适合年龄：U4，U5。

游戏器材：小足球、标志盘、小球门。

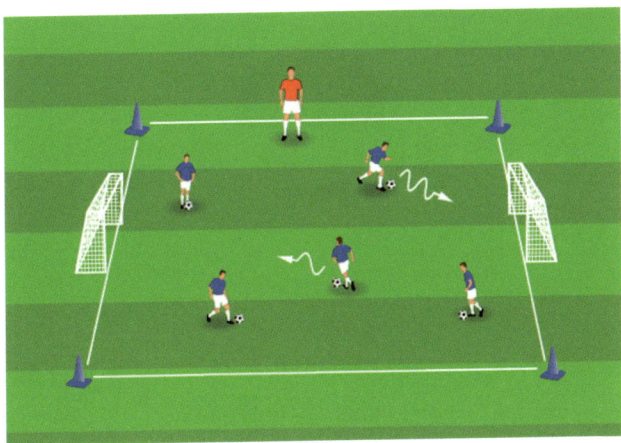

游戏方法：

（1）幼儿们在规定区域内随意带球，尽量不要撞到其他人。

（2）以教练吹哨为指令，幼儿听到教练哨声后带球靠近球门后，完成射门为安全。

（3）没有找到安全圈的幼儿需停球后踏球五次后即为安全。

游戏变化（难度调整）：

（1）规定可以躲藏的球门。

（2）加入一名防守幼儿进行阻拦。

指导要点：

（1）需边带球边注意哨声。

（2）观察离自己最近的球门。

（3）选择最好的路线，切勿转一大圈再进入球门。

注意事项

　　不可将球踢入球门；多观察，不要撞到其他人。

第四节
射 门 游 戏

足球运动的本质是比赛,而只有射门得分才能赢得比赛的胜利。人们爱看足球,无非是爱看足球比赛竞技的精彩,尤其是扣人心弦的射门。幼儿在踢球时也爱比赛和射门。著名球星贝肯鲍尔说:"在比赛中射门比传球更重要,有机会就要果断射门。"在训练中,孩子们年龄越小,就越应让他们多射门,而且还要创造条件让他们比较容易地把球射入球门,以增加成功的经历和体验。

一、定点射门

❶ 游戏名称:打雪仗

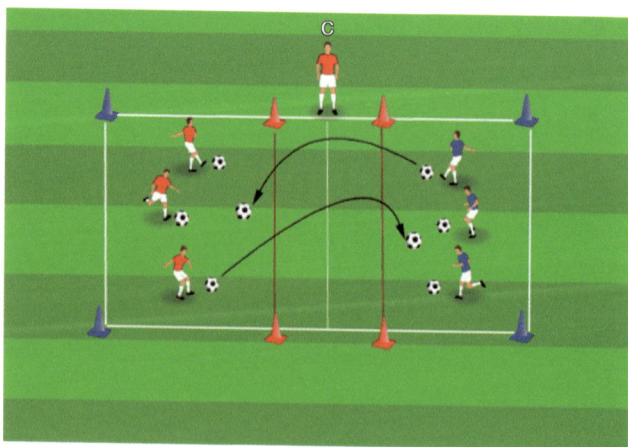

锻炼目标：

（1）足球技术：射门力量、触球部位。

（2）运动能力发展：力量、速度、平衡。

（3）社会情感目标：规则、自信、社交。

适合年龄：U4，U5，U6。

游戏器材：小足球、标志桶、分队服。

游戏方法：

（1）红、蓝两队分别位于中网的两侧，不得进入两红线之间的区域。

（2）两队队员都尽可能地把足球（雪球）扔过网到对方半场，一分钟后，足球在本方半场少的队伍获胜。

（3）两队用脚把球踢到对方半场。

游戏变化：

（1）先用滚球、抛球、掷球的方式进行游戏，然后再用脚踢地面球、空中球的方式进行游戏。

（2）去掉中网，扩大红线离中网的距离。

指导要点：

（1）集中注意力。

（2）射门发力。

📣 注意事项

因为会有高空球，注意红线区域，以避免球砸到幼儿。

---

2 游戏名称：竞速射门

锻炼目标：

（1）足球技术：跑动射门、射门力量。

（2）运动能力发展：灵敏、协调、速度、柔韧、平衡、力量。

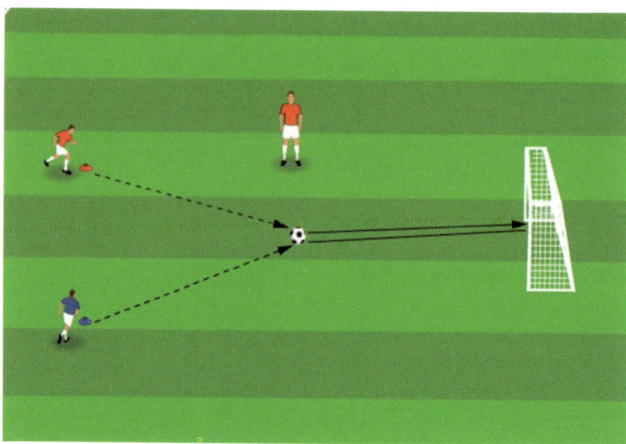

（3）社会情感目标：规则、自信。

适合年龄：U4，U5，U6。

游戏器材：小足球、标志盘、小球门、分队服。

游戏方法：

（1）红蓝两队幼儿按照教练发出"耳朵""鼻子""屁股"等的指令用手完成触摸动作，在听到教练发出"Go"指令后，立即快速抢射门，射进球门者得 1 分。

（2）更换下一组，教练更换指令顺序继续进行游戏。

游戏变化：

（1）教练增加"蹲下""趴下""举手""踢腿"等指令。

（2）幼儿背对球门开始游戏。

指导要点：

（1）注意力集中。

（2）射门用力。

📣 **注意事项**

有追逐时，注意提醒幼儿相互间不可以使用拉拽、推搡、绊腿等动作。

3 游戏名称：**保护家园**

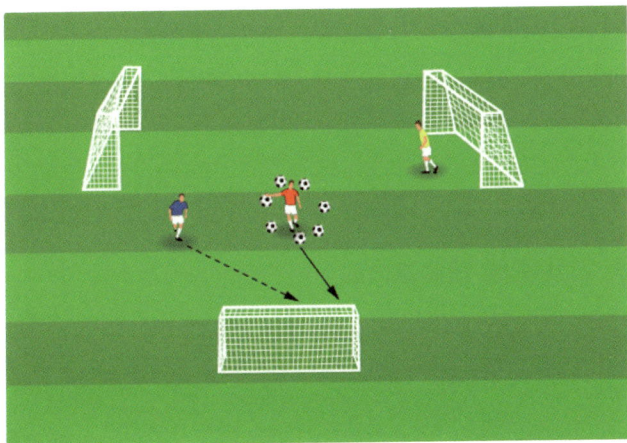

锻炼目标：

（1）足球技术：射门力量、角度、观察变向。

（2）运动能力发展：灵敏、协调、力量。

（3）社会情感目标：规则、勇敢、自信。

适合年龄： U5，U6。

游戏器材： 小足球、标志盘、小球门、分队服。

游戏方法：

（1）三个球门，三名幼儿，若干个足球。

（2）游戏开始后，红队射门，黄队、蓝队协同防守三个球门。

（3）射门结束后，记录红衣幼儿进球数，然后更换射门队员，继续游戏，最后得分最多的幼儿获胜。

游戏变化：

（1）先用手滚球的形式开始游戏。

（2）增加球门数量，增加球门间的距离，增加防守人数。

指导要点：

（1）射门时注意观察防守幼儿。

（2）射门的准确性和力量。

注意事项

防守幼儿只能保护球门，不能上前拦截阻挡射门。

4 游戏名称：保龄球大战

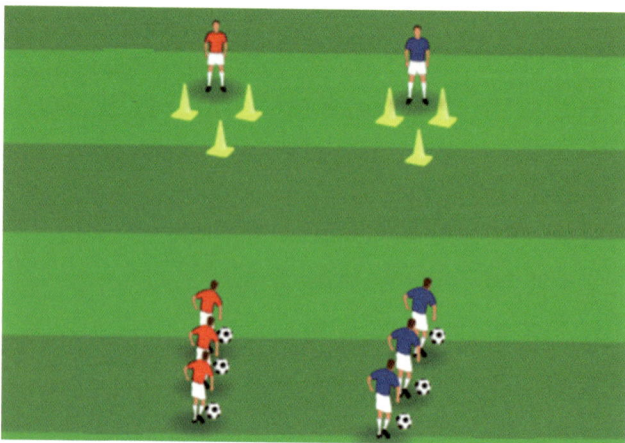

锻炼目标：

（1）足球技术：射门部位、力量。

（2）运动能力发展：灵敏、协调、力量、平衡。

（3）社会情感目标：规则、自信、团队合作。

适合年龄：U5，U6。

游戏器材：小足球、标志桶、分队服。

游戏方法：

（1）持球幼儿分为红、蓝两组，无球幼儿站在标志桶后方，持球幼儿列队准备射桶(打保龄球)。

(2) 排头幼儿传球击倒保龄球(黄色标志桶)后前往无球幼儿位置准备捡球,无球幼儿拿球后排队射击。

(3) 最先击倒所有保龄球的队伍获胜,五局三胜。

游戏变化:

(1) 先用手滚球进行游戏。

(2) 增加保龄球数量和射击距离。

指导要点:

传球时注意支撑脚、摆腿等动作。

> 🎺 **注意事项**
>
> 　　如果人多,可以分更多的组进行游戏。

5 **游戏名称:小炮手**

锻炼目标:

(1) 足球技术:射门方向、准确度、球性练习。

（2）运动能力发展：灵敏、协调、力量。

（3）社会情感目标：规则、坚韧、自信。

适合年龄：U4，U5。

游戏器材：小足球。

游戏方法：

（1）幼儿（小炮手）在场上随意带球，教练发出指令后小炮手可以朝向教练射击（教练喊指定幼儿）。

（2）没有将球踢到教练身上的幼儿需重新去拿球朝向教练射击。

（3）教练接到球后将球传回给幼儿。

游戏变化（难度调整）：

（1）教练不断变换位置。

（2）安排幼儿扮演教练的角色。

指导要点：

（1）提前观察教练的位置。

（2）支撑脚的站位，射门脚的摆腿。

🎵 **注意事项**

　　教练适当地移动，有幼儿一直无法踢中时，教练应主动被踢中，以提高幼儿的信心。

---

6 **游戏名称：穿越隧道**

锻炼目标：

（1）足球技术：射门方向、准确度、球性练习。

（2）运动能力发展：灵敏、协调、力量。

（3）社会情感目标：规则、社交、团队。

适合年龄：U4，U5。

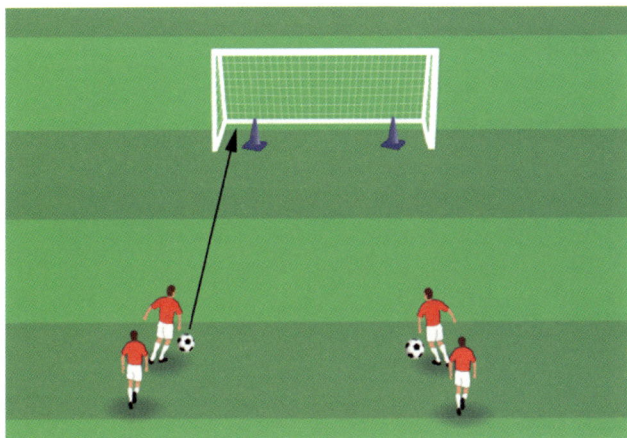

游戏器材：小足球、标志桶、小球门、分队服。

游戏方法：

（1）第一名幼儿跑步出发，射门。

（2）观察射门角度，将球踢进对应的球门一侧隧道（球门柱与标志桶之间）。

（3）踢完的幼儿把球拿出放在踢球点，与下一位幼儿击掌后，下一位幼儿再出发。

游戏变化（难度调整）：

（1）可在隧道口加入障碍物。

（2）将球踢过自己另外一侧的隧道。

指导要点：

（1）观察踢球角度。

（2）如何发力、如何踢低平球。

（3）及时与下一位幼儿沟通。

🎺 注意事项

　　可以适当调整隧道的大小。

二、带球射门

1 游戏名称：伐木工

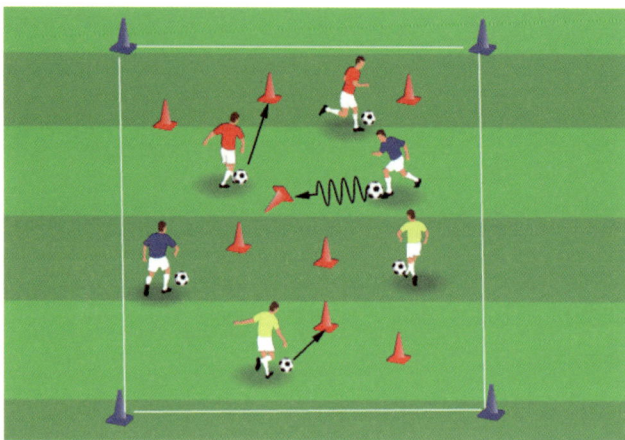

锻炼目标：

（1）足球技术：带球射门、射门方向、带球变向。

（2）运动能力发展：灵敏、协调、力量。

（3）社会情感目标：规则、坚韧、自信。

适合年龄：U4，U5，U6。

游戏器材：小足球、标志盘、分队服。

游戏方法：

（1）分为红、黄、蓝三队，两组带球，一组不带球。

（2）红队和黄队带球并试图用球将标志桶踢倒（伐木），蓝队则带球靠近标志桶后不断地将标志桶扶起（植树）。

（3）两分钟后，记录被击倒标志桶数量。然后交换角色，继续游戏，最终被击倒桶数量最少的组获胜。

游戏变化:

(1) 先用手持球开始游戏。

(2) 变更桶的颜色,不同色的桶分值不一样。

指导要点:

(1) 注意观察。

(2) 带球时脚触球的部位。

> 🎺 **注意事项**
>
> 为了避免将球踢得太远,可以规定球不要出界,如出界,需要幼儿在场边踩球 20 次方能复活。

2 游戏名称:轮船开闸

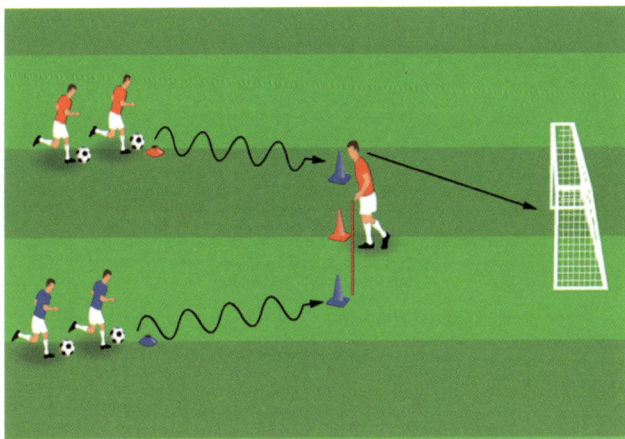

锻炼目标:

(1) 足球技术:带球射门、射门方向、带球观察。

(2) 运动能力发展:灵敏、协调、力量、平衡。

(3) 社会情感目标:规则、坚韧、自信。

适合年龄：U4，U5，U6。

游戏器材：小足球、标志盘、标志桶、分队服、标志杆。

游戏方法：

（1）分为红、蓝两组，每人一球，教练站在闸口（两个标志桶中间），手持闸杆（红色标志杆）。

（2）两队排头幼儿同时带球出发，分别穿过自己一边的闸口后射门，教练不断开关左右闸口。

（3）捡球后排队循环。

游戏变化：

（1）先用手抱球过闸口，手滚球射门开始游戏。

（2）加快闸口的开关速度。

指导要点：

（1）注意观察。

（2）控制球速和射门精度。

注意事项

"闸口"一定要由教练控制，避免打到或戳到幼儿。

3 游戏名称：猎犬和野兔

锻炼目标：

（1）足球技术：带球射门、射门方向、带球变向。

（2）运动能力发展：灵敏、协调、速度、力量。

（3）社会情感目标：规则、自信、竞争。

适合年龄：U4，U5，U6。

游戏器材：小足球、标志盘、标志桶、小球门、分队服。

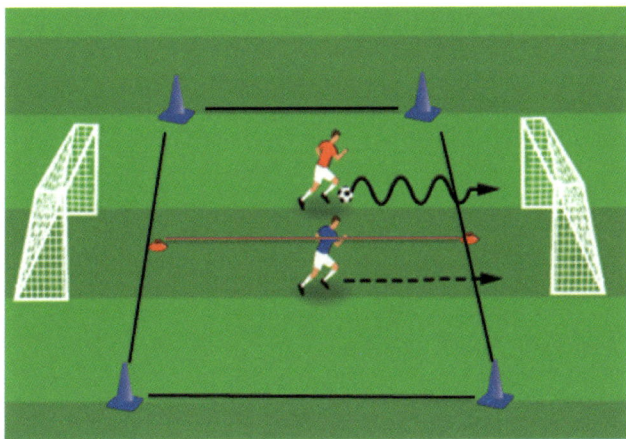

游戏方法：

（1）两名幼儿一组，面对面位于红线的两侧，红队有球，蓝队无球。

（2）教练发出"开始"指令后，红队（野兔）带球出方块区域后可射门，射进两端任一球门即得分，蓝队（猎犬）移动，在方块区域外可抢断或阻止红队队员射门；交换球权进行。

游戏变化：

（1）红队只能在方块区域内变向一次。

（2）6秒后蓝队可跨过红线抢球。

指导要点：

（1）带球时注意观察。

（2）带球时变向和变速技术。

🎺 **注意事项**

　　教练需要照顾到不同水平的幼儿，实力相近的幼儿之间比赛更好。

4 游戏名称：**千里走单骑**

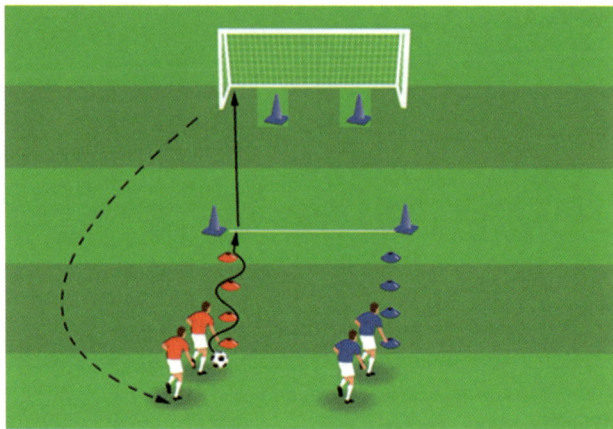

锻炼目标：

（1）足球技术：带球射门、射门方向、带球变向。

（2）运动能力发展：灵敏、协调、力量。

（3）社会情感目标：规则、坚韧、自信、团队合作。

适合年龄：U6。

游戏器材：小足球、标志盘、标志桶、分队服。

游戏方法：

（1）幼儿分两组，每组一个球，带球绕过标志桶后在指定位置（蓝色标志桶前）射门。

（2）射入两个标志桶中间得 1 分，射到标志桶两边得 2 分，射中标志桶得 3 分。

（3）幼儿射门后带球从两边回到队伍，将球传给下一名幼儿，继续出发。

（4）最先完成一轮的队伍加 1 分，统计两队得分，高者获胜。

游戏变化：

（1）调整标志桶间的距离。

（2）调整射门距离。

指导要点：

（1）带球变向。

（2）射门准确度及力量。

⑤ 游戏名称：移动射门

锻炼目标：

（1）足球技术：带球射门、射门方向、带球变向。

（2）运动能力发展：灵敏、协调、力量。

（3）社会情感目标：规则、坚韧、自信。

适合年龄：U4，U5。

游戏器材：小足球、小球门。

游戏方法：

（1）幼儿在规定范围内运球，收到教练的指令后快速运球射门

（任意球门）。

(2) 幼儿运球射门，每个球门都要射进。

(3) 教练移动球门，学员运球射门。

游戏变化（难度调整）：

(1) 增加球门数量。

(2) 变换球门位置。

指导要点：

(1) 运球观察。

(2) 运球射门。

⑥ 游戏名称：抢滩登陆

锻炼目标：

(1) 足球技术：带球射门、射门方向、带球变向。

（2）运动能力发展：灵敏、协调、力量、平衡。

（3）社会情感目标：规则、坚韧、自信。

适合年龄：U4，U5。

游戏器材：小足球、标志盘、小球门。

游戏方法：

（1）幼儿在规定区域内随意带球，注意观察不可碰到其他人。

（2）教练给出指令（红色/黄色/蓝色），幼儿听到指令后带球到相应颜色的基地（标志盘围成的）。

（3）幼儿在基地内停球射门。

游戏变化（难度调整）：

（1）一次给出多个指令，幼儿们找离自己最近的基地。

（2）教练作为防守，给幼儿增加适当难度。

指导要点：

（1）多与其他人沟通呼应。

（2）进入基地时不要拥挤。

🎺 **注意事项**

多观察沟通，不要撞到其他人。

第五章

学龄前儿童体质测试

一、体质测试的定义

体质是人体的质量,是人体的健康状况和对外界的适应能力,是在先天遗传因素和后天环境因素(如营养、体育锻炼等)共同影响下表现出来的人体形态结构、生理功能和心理功能等综合的相对稳定的特征。

体质测试是通过一系列科学的检查和测试,评价幼儿身体形态、机能和素质状况,更全面地了解幼儿的生长发育和健康水平。体质监测则是对一个国家或地区的民众(包括幼儿人群)进行体质测试,用以了解群体体质状况。

二、体质测试的目的

1. 了解幼儿的身体形态、机能及身体素质状况;

2. 及时发现幼儿身体机能和生长发育的不足,有效预防和干预幼儿的不良发展趋势;

3. 获得科学健身指导,掌握有效的锻炼手段和方法;

4. 了解疾病防治的有关知识,及早纠正不健康的生活习惯和行为,减少引发疾病的危险因素;

5. 对以往的锻炼效果作出评估,通过改善和调整锻炼计划,使锻炼更有效;

6. 了解我国国民体质现状和变化规律。

三、体格发育测试的意义

1. 体格发育测试指标的选择应根据不同年龄阶段的特殊性而定,常常使用的形态指标有身高、体重、坐高、胸围和头围等,其中身高和体重是最基本的指标。

2. 生长发育是儿童时期的基本生命现象,包括体格发育、内脏器官系统发育、神经心理发育等。儿童体格发育测试是儿童保健的基础工作,不仅反映儿童生长发育趋势和可能影响儿童生长发育的危险因素,还间接反映一个国家和地区的政治、经济、文化的发展情况。

四、幼儿体质测试

幼儿体质测试主要包括形态和素质两个类别,详见表 5-1。

表 5-1　幼儿体质测试

类别	测试项目
形态	身高
	体重
素质	立定跳远
	网球掷远
	10 米折返跑
	双脚连续跳
	坐位体前屈
	走平衡木

五、体质测试方法

1　身体形态

身体形态即身体的外部形状和特征。形态指标反映了幼儿当前的发育水平及体型、身体姿态和营养状况。

(1)身高:反映人体骨骼纵向生长水平。

测试时,受试者赤脚、呈立正姿势站在身高计的底板上(躯干挺直，上肢自然下垂，脚跟并拢，脚尖分开约 60°），脚跟、骶骨部及两肩胛间与身高计的立柱接触，头部正直，两眼平视前方，耳屏上缘与眼眶下缘最低点呈水平（图 5-1）。记录以厘米为单位，保留小数点后一位。

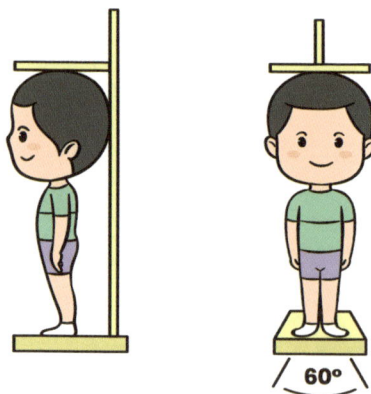

图 5-1　身高测量

图 5-2　体重测量

（2）体重：反映人体发育程度和营养状况。

测试时，受试者自然站在体重秤中央，站稳后，读取数据（图 5-2）。记录以千克为单位，保留小数点后一位。

2 身体素质

身体素质，通常指的是人体在运动中表现出来的速度、力量、灵敏、平衡及柔韧等方面的能力。幼儿素质指标则主要围绕走、跑、跳、爬、攀登、投掷、平衡等基本动作而设计。

（1）10 米折返跑：测试幼儿的灵敏素质和速度素质。

使用秒表测试。在平坦的地面上画长 10 米、宽 1.22 米的直线跑道若干条，在每条跑道折返线处设一手触物体（如手触板），在跑道起终点线外 3 米处画一条目标线（图 5-3）。

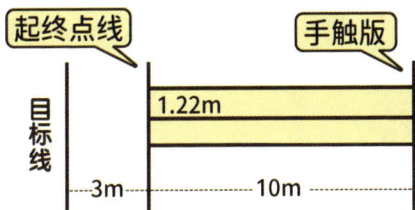

图 5-3　10 米往返跑场地

　　测试时,受试者两人一组,以站立式起跑姿势站在起跑线前,当听到"跑"的口令后,全力跑向折返线,测试员视受试者起动开表计时。受试者跑到折返处,用手触摸手触板(图 5-4)后,转身跑向目标线,当胸部到达起点线的垂直面时,测试员停表。记录以秒为单位,保留小数点后一位。小数点后第二位数按"非零进一"的原则进位,如 10.11 秒记录为 10.2 秒。

图 5-4　10 米往返跑测试

　　(2) 立定跳远:测量幼儿原地向前跳跃的能力,反映幼儿下肢肌肉力量、爆发力和身体协调能力发展情况。

　　使用软地面、卷尺和三角板测试。测试时,受试者双脚自然分开,站立在起跳线后,然后摆动双臂,双脚蹬地尽力向前跳,测量起跳线距最近脚跟之间的直线距离(图 5-5)。测试两次,取最大值,记录以厘米为单位,不计小数。

图 5-5　立定跳远测试

（3）网球掷远：测试幼儿上肢、腰腹肌肉力量，以及身体协调性。

使用网球和卷尺测试。在平坦地面上画一个长 20 米、宽 6 米的长方形，在长方形内，每隔 0.5 米画一条横线（图 5-6），以一侧端线为投掷线。

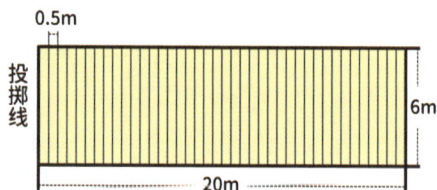

图 5-6　网球掷远测试场地

图 5-7　网球掷远测试

测试时，受试者身体面向投掷方向，两脚前后分开，站在投掷线后约一步距离，单手持球举过头顶，尽力向前掷出（图 5-7）。球出手时，后脚可以向前迈出一步，但不能踩在或越过投掷线，有效成绩为投掷线至球着地点之间的直线距离。如果球的着地点在横线上，则记录该线所标示的数值；如果球的着地点在两条横线之间，则记录靠近投掷线的横线所标示的数值；如果球的着地点超过 20 米长的测试场地，可用卷尺丈量；如果球的着地点超出场地的宽度，则重新投掷。测试两次,取最大值,记录以米为单位。

(4)双脚连续跳:类似"兔子跳"游戏,这项测试不仅可以反映幼儿下肢肌肉力量,还可以反映身体协调性。

使用卷尺和秒表测试。在平坦地面上每隔0.5米画一条横线,共画10条,每条横线上横置一块软方包,在距离第一块软方包0.2米处设立起跑线(图5-8)。

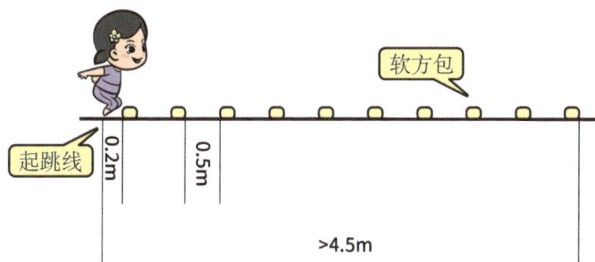

图 5-8　双脚连续跳测试场地

测试时,受试者两脚并拢,站在起跳线后,当听到"开始"的口令后,双脚同时起跳,双脚一次或两次跳过一块软方包,连续跳过10块软方包。测试员视受试者起动开表计时,当受试者跳过第十块软方包双脚落地时,测试员停表(图5-9)。记录以秒为单位,保留小数点后一位,小数点后第二位数按"非零进一"的原则进位。

图 5-9　双脚连续跳测试

（5）坐位体前屈：测试幼儿柔韧性。

使用坐位体前屈测试仪测试。测试时，受试者坐在垫上，双脚伸直，脚跟并拢，脚尖自然分开，全脚掌蹬在测试仪平板上；然后掌心向下，双臂向前平伸，上体前屈，用双手中指指尖推动游标平滑前移，直至不能移动为止（图 5-10）。测试两次，取最大值，记录以厘米为单位，保留小数点后一位。

图 5-10　坐位体前屈测试

（6）走平衡木：测试幼儿平衡能力。

使用高 0.3 米，宽 0.1 米，长 3 米的平衡木（图 5-11）和秒表测试。测试时，受试者站在平台上，面向平衡木，双臂侧平举，当听到"开始"口令后，前进。测试员视受试者起动开表计时，当受试者任意一个脚尖超过终点线时，测试员停表。记录以秒为单位，保留小数点后一位，小数点后第二位数按"非零进一"的原则进位。

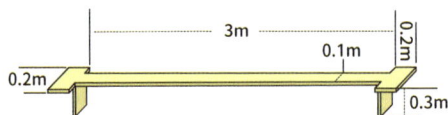

图 5-11　平衡木测试器材

参 考 文 献

［1］(美)约翰·瑞迪,埃里克·哈格曼.运动改造大脑[M].浦溶,译.
杭州:浙江人民出版社,2013.

［2］中华人民共和国教育部.3～6岁儿童学习与发展指南[Z].北
京:首都师范大学出版社,2012.

［3］李季湄,冯晓霞.《3～6岁儿童学习与发展指南》解读[M].北京:
人民教育出版社,2013.

［4］中国足球协会审定.中国青少年儿童足球训练大纲[Z].北京:人
民体育出版社,2013.

［5］亚洲足球联合会.亚足联青少年儿童足球训练手册[Z].王景波,
张欢,译.北京:人民体育出版社,2016.

［6］(日)保坂信之.奔跑吧,足球小将[M].毛伟,曲岩松,译. 北京:
人民邮电出版社,2017.

［7］英国DK公司.DK儿童足球百科[Z].朱景梅,译.北京:中国大
百科全书出版社,2018.

［8］(奥地利)阿德勒.儿童教育心理学[M].王童童,译.北京:中华
工商联合出版社,2017.

［9］丁祖荫.幼儿心理学:第三版[M].北京:人民教育出版社,2016.

［10］(意)蒙台梭利.敏感期早教手册[M].张丽,孙丽娟,编译.北京:
北京理工大学出版社,2017.

［11］(西)霍斯特·韦恩.青少年足球运动员培养训练宝典[Z].陈柳,

译.北京:人民邮电出版社,2016.

[12] (美)简·尼尔森.正面管教[M].玉冰,译.北京:北京联合出版公司,2018.

[13] (美)约翰·加卢西.足球运动损伤预防与治疗[M].曹洪辉,卢卫忠,译.天津:天津科技翻译出版公司,2019.

[14] 美国心脏协会.拯救心脏、急救、心肺复苏、自动体外除颤器[M].美国心脏协会,译.杭州:浙江大学出版社,2019.

[15] 中国红十字会总会.救护员指南[Z].北京:社会科学文献出版社,2016.

[16] (德)蒂姆·迈耶,奥利弗·福德.足球运动损伤与防护指南[M].司佳卉,王震宇,译.北京:人民邮电出版社,2016.

[17] 马约翰.体育的迁移价值[M]//清华大学《马约翰纪念文集》编辑组.马约翰纪念文集.北京:中国文史出版社,1998.

[18] 殷红博.足球:幼儿第一运动[M].北京:中国人口出版社,2015.

[19] 小赛虎体育俱乐部.小赛虎足球教练员手册.

[20] 小赛虎体育俱乐部.小赛虎足球教学案例.

[21] Duckworth A. L. The Key to Success? Grit[DB/OL].[2020-3-25]. https://v.qq.com/x/page/h0325pld40y.html.

[22] Joseph I. The Skill of Self Confidence[DB/OL].[2020-3-21]. https://v.qq.com/x/page/f0309lv8hsl.html.

附录

附录 1
致家长的一封信：
让孩子去体验足球运动的本质

亲爱的家长朋友们：

我们知道，从您把孩子交到我们的俱乐部，让他跟着我们学足球的那一刻起，我们就开始肩负责任，并且有义务努力工作回报您的信任。我们也知道您对孩子的影响有多大。所以我们决定写一封信给您，为了我们共同热爱的足球和孩子，让我们一起做点努力。

我们感谢您已经做的和即将做的努力，这些努力能真正促进您的孩子热爱足球，让他的兴趣维持下去；也能帮助您的孩子学习正确的行为，让他成为球队里受欢迎的伙伴！

小赛虎的足球理念

在上海的世纪公园旁边有一个国际社区，这里的孩子很喜欢户外运动，社区里有一支儿童足球队，球队里多数是韩国的孩子，还有三四个欧洲的孩子，中国孩子很羡慕。后来，社区里的妈妈组织了一支中国孩子的足球队,这就是小赛虎足球俱乐部的第一支球队。2015 年的夏天,中国队和国际队打了很多比赛。可以说,小赛虎的理念,完全是来自孩子、家长与教练们的切身感受与大胆尝试。

曾经,踢球就是为了不断提高技术水平,取得比赛胜利。我们知道,孩子们踢球的目的很简单,就是获得快乐。所以,我们要做的是,在公平的前提下,尊重孩子游戏的权利,让每一个孩子享受踢球的乐趣。我们要告诉孩子们的是,不要只为了所谓的成功去踢球,而是更有趣、更有创造力、更有想象力地去踢足球。要让孩子们知道,"足球场有边界,但创新的可能性却是无限的",他们可以按照自己的思考处理足球。在压力下,即使孩子们取得了所谓的成功,这样的成功也无法长期保持他们对足球的热爱。教练们最大的任务,就是帮助孩子们喜欢上足球,爱上足球。

中国第一位体育教授,清华大学马约翰先生说过:"体育运动的教育价值,不只限于运动场上,而且能够影响整个社会。"他认为"体育的功效最重要的在培养人格,补充教育的不足"。幼儿足球和成人足球不同,甚至和儿童青少年足球不同。我们知道,成为专业球员并不是每一个幼儿的目标,但是成为一个高素质的人却是他们终生追求的目标。我们做幼儿足球,在返璞归真的同时,更要注重培养孩子们良好的性格和品质,让孩子们学习正确的社会行为,而这将使他们受益终身。

小赛虎的六大精神

1. 自信——我们可以通过足球训练孩子的自信心:当孩子克服一个个困难,完成了约定的训练目标,他们的自信心就在慢慢养成。

2. 坚韧——当一个孩子付出了百分之百的努力,没踢进他期望的进球,但是依然充满激情地跑动和拼抢,这就在慢慢养成坚韧的品质。坚韧不是与生俱来的品质，是需要后天培养的。

3. 规则——让孩子明白：踢球时要遵守规则，在规则中发挥创造力，学会在规则中赢，学会体面地输，不能有意犯规。这也是孩子立足社会必须学会的重要一课。

4. 交流和互助——一个会交流情感的孩子在内心上一定是强大的，而好玩有趣的足球训练可以帮助孩子学习使用语言和动作交流情感，学会提供和接受帮助。

5. 团队合作——在抓人游戏、接力游戏、足球比赛中，孩子们追求着共同的目标，自然而然理解了合作的魅力、团队的意义，甚至有机会认识一些可以陪伴一生的好朋友。

6. 责任感——当孩子能准时参加训练和比赛，当孩子为了训练放弃朋友的生日会，他们就已经学会在团队中、在面对他的同伴和教练时承担一定的社会责任感了，这也是他们在幼年时期应该学会的行为。

来到俱乐部，孩子们会发现，找到快乐和自信，学会沟通和互助、竞争与合作，尊重规则，尊重队友和教练，成为具有社会责任感的优秀的小公民，是他们首先需要学习的。所以，请您和教练一起关注足球以外的事情，也许，这才是足球带给孩子的最长久的精彩。

如果出现问题，请及时找教练谈谈。我们一起努力，希望孩子在多年以后提起足球，还会感到兴奋与热爱。

张光元

小赛虎足球俱乐部

附录 2

德国足协给家长的自我测试：
您是真正支持孩子的家长吗？

带孩子参加过足球训练或比赛的家长，您一定经历过以下的事情：比赛还没开始，就有孩子碰球了；该传球的时候，孩子偏偏选择了射门……您大概也经历过这样的事情，队友的家长跑来斥责孩子，"我说传球，你为什么射门？说你你怎么不听啊？"

足球一直以来都是团队运动，要求团队里的每一个成员，包括队友、教练，也包括每一位家长，认可他人的成绩和努力。我们家长是榜样，所以我们承担着责任，尤其是在场外。

做一做下面的家长测评，您就会看出您是真支持孩子的家长还是已经得了红牌。

每一道题的回答如果是"是"，那么您就获得了一分。数一数得了多少分，看看您是不是一个支持孩子的好家长。

1. 您曾在场边大声做过消极的评论吗？
2. 您常常不满足于孩子的成绩吗？
3. 您经常有和教练或裁判不一样的意见吗？
4. 您常常对球队阵型或教练的其他决定感到不满意吗？
5. 当对手球队失分您会感到高兴吗？
6. 您会表扬孩子绝妙的战术犯规吗？
7. 当您的孩子不接受您的足球建议时您会生气吗？

8. 您会觉得孩子踢球踢不好让您丢脸吗?

9. 孩子比赛过后,您会告诉他所有做错的地方吗?

10. 在球场上,您是否很容易就想骂人?

11. 有时候您是否会想,就应该只让最好的那些孩子踢球?

测评答案:

0~2分:

恭喜您!您真的很酷!在球场上您散发着"平静的光芒"。

3~4分:

非常好!您努力显得公平、沉稳。坚持下去,总有一天您也会拥有那一点目前还缺少的"冷静"。

5~6分:

嗯,您似乎还不能很好地控制自己。应该经常这样想:没有人会让您生气,所以放松一点,冷静冷静吧。

7~8分:

对不起,您实在是太不酷了。您必须努力了,争取在球场上让您的孩子更快乐吧。

9~11分:

真遗憾,您得了红牌。您的行为不可理喻,也不能起到任何作用。唯一的希望就是,您需要好好地了解如何让自己更平静。放下功利思想,这样您的孩子才会感激您。

如果您的测评成绩不好,那么您应该:

即使很难,您也要试着尊重教练、对手和裁判。告诉您的孩子,尽量不要说"但是"这样的词汇。尊重教练和裁判的决定。您可能觉得这很可笑,但是纪律是必备的。

如果您很容易生气,那么您应该控制情绪并询问自己:我刚刚在做什么?千万不要在这个时候批评孩子。换个视角,想象您自己是孩子,站在球场上,您想被批评吗? 如果被批评,您会是什么感觉?

最后,寻找共同点。孩子、家长、教练和裁判共同期望的是,踢球时是快乐的。

附录 3
幼儿身体素质评分标准

幼儿身体素质评分标准共分为 5 个等级，其中优秀得 5 分，良好得 4 分，中等得 3 分，及格得 2 分，差得 1 分。国家体育总局编的《国民体质测定标准手册(幼儿部分)》中呈现了 3～6 岁男女生体质测试评价等级，见表 1 至表 14。

表 1　国民体质测试评价表(3 岁男生)

项目	优	良	中	及格	差
坐位体前屈(厘米)	>14.9	14.9～11.7	11.6～8.6	8.5～4.9	4.8～2.9
10 米折返跑(秒)	<8.0	8.0～9.0	9.1～10.2	10.3～12.8	12.9～15.8
立定跳远(厘米)	>76	76～59	58～43	42～30	29～21
网球掷远(米)	>5.5	5.5～4.0	3.5～3.0	2.5～2.0	1.5
双脚连续跳(秒)	<6.6	6.6～9.1	9.2～13.0	13.1～19.6	19.7～25.0
走平衡木(秒)	<6.6	6.6～10.5	10.6～16.8	16.9～30.0	30.1～48.5

表 2　国民体质测试评价表(3 岁女生)

项目	优	良	中	及格	差
坐位体前屈(厘米)	>15.9	15.9～13.0	12.9～10.0	9.9～6.3	6.2～3.2
10 米折返跑(秒)	<8.2	8.2～9.3	9.4～10.5	10.6～13.4	13.5～16.8
立定跳远(厘米)	>71	71～55	54～40	39～29	28～21
网球掷远(米)	>5.0	5.0～3.5	3.0～2.5	2.0～1.5	1.0
双脚连续跳(秒)	<7.1	7.1～9.7	9.8～13.4	13.5～20.0	20.1～25.9
走平衡木(秒)	<6.9	6.9～10.7	10.8～17.3	17.4～32.4	32.5～49.8

表3　国民体质测试评价表（3.5岁男生）

项目	优	良	中	及格	差
坐位体前屈(厘米)	＞14.9	14.9～11.6	11.5～8.5	8.4～4.7	4.6～2.7
10米折返跑(秒)	＜7.5	7.5～8.3	8.4～9.4	9.5～11.3	11.4~14.0
立定跳远(厘米)	＞84	84～70	69～53	52～35	34～27
网球掷远(米)	＞5.5	5.5～4.5	4.0～3.0	2.5～2.0	1.5
双脚连续跳(秒)	＜6.1	6.1～8.2	8.3～11.1	11.2～16.9	17.0～21.8
走平衡木(秒)	＜5.9	5.9～9.3	9.4～15.0	15.1～27.0	27.1～41.1

表4　国民体质测试评价表（3.5岁女生）

项目	优	良	中	及格	差
坐位体前屈(厘米)	＞15.9	15.9～13.0	12.9～10.0	9.9～6.3	6.2～3.5
10米折返跑(秒)	＜7.7	7.7～8.6	8.7～9.7	9.8～12.0	12.1～14.9
立定跳远(厘米)	＞81	81～65	64～50	49～34	33～25
网球掷远(米)	＞5.0	5.0～4.0	3.5～3.0	2.5～2.0	1.5
双脚连续跳(秒)	＜6.2	6.2～8.4	8.5～11.2	11.3～17.0	17.1～21.9
走平衡木(秒)	＜6.1	6.1～9.6	9.7～15.0	15.1～27.4	27.5～40.4

表5　国民体质测试评价表（4岁男生）

项目	优	良	中	及格	差
坐位体前屈(厘米)	＞14.9	14.9～11.5	11.4～8.5	8.4～4.5	4.4～2.4
10米折返跑(秒)	＜6.9	6.9～7.6	7.7～8.5	8.6～10.1	10.2～12.4
立定跳远(厘米)	＞95	95～80	79～65	64～47	46～35
网球掷远(米)	＞6.0	6.0～5.0	4.5～4.0	3.5～3.0	2.5～2.0
双脚连续跳(秒)	＜5.6	5.6～7.0	7.1～9.1	9.2～13.1	13.2～17.0
走平衡木(秒)	＜4.9	4.9～7.3	7.4～11.5	11.6～21.5	21.6～33.2

表6　国民体质测试评价表（4岁女生）

项目	优	良	中	及格	差
坐位体前屈（厘米）	＞15.9	15.9～13.0	12.9～10.0	9.9～6.0	5.9～3.4
10米折返跑（秒）	＜7.2	7.2～8.0	8.1～9.0	9.1～10.8	10.9～13.2
立定跳远（厘米）	＞89	89～74	73～60	59～44	43～32
网球掷远（米）	＞5.0	5.0～4.5	4.0～3.5	3.0～2.5	2.0
双脚连续跳（秒）	＜5.9	5.9～7.3	7.4～9.5	9.6～13.4	13.5～17.2
走平衡木（秒）	＜5.3	5.3～8.1	8.2～12.2	12.3～22.5	22.6～32.2

表7　国民体质测试评价表（4.5岁男生）

项目	优	良	中	及格	差
坐位体前屈（厘米）	＞14.4	14.4～11.0	10.9～8.0	7.9～4.2	4.1～1.8
10米折返跑（秒）	＜6.7	6.7～7.2	7.3～8.0	8.1～9.7	9.8～11.8
立定跳远（厘米）	＞102	102～89	88～73	72～55	54～40
网球掷远（米）	＞8.0	8.0～6.5	6.0～4.5	4.0～3.0	2.5
双脚连续跳（秒）	＜5.3	5.3～6.4	6.5～8.1	8.2～11.2	11.3～14.5
走平衡木（秒）	＜4.3	4.3～6.2	6.3～9.6	9.7～17.8	17.9～28.4

表8　国民体质测试评价表（4.5岁女生）

项目	优	良	中	及格	差
坐位体前屈（厘米）	＞16.0	16.0～13.0	12.9～10.0	9.9～6.0	5.9～3.0
10米折返跑（秒）	＜7.0	7.0～7.6	7.7～8.5	8.6～10.2	10.3～12.4
立定跳远（厘米）	＞96	96～81	80～68	67～50	49～40
网球掷远（米）	＞5.5	5.5～4.5	4.0～3.5	3.0～2.5	2.0
双脚连续跳（秒）	＜5.5	5.5～6.7	6.8～8.5	8.6～11.9	12.0～14.9
走平衡木（秒）	＜4.7	4.7～6.9	7.0～10.1	10.2～18.6	18.7～26.5

表9　国民体质测试评价表（5岁男生）

项目	优	良	中	及格	差
坐位体前屈（厘米）	>14.4	14.4～11.0	10.9～7.6	7.5～3.5	3.4～1.1
10米折返跑（秒）	<6.4	6.4～6.9	7.0～7.6	7.7～8.9	9.0～10.3
立定跳远（厘米）	>110	110～96	95～80	79～65	64～50
网球掷远（米）	>9.0	9.0～7.5	7.0～5.5	5.0～4.0	3.5～3.0
双脚连续跳（秒）	<5.1	5.1～5.9	6.0～7.2	7.3～9.8	9.9～12.5
走平衡木（秒）	<3.7	3.7～5.2	5.3～7.8	7.9～14.0	14.1～22.2

表10　国民体质测试评价表（5岁女生）

项目	优	良	中	及格	差
坐位体前屈（厘米）	>16.6	16.6～13.2	13.1～9.7	9.6～5.5	5.4～3.0
10米折返跑（秒）	<6.7	6.7～7.2	7.3～8.0	8.1～9.6	9.7～11.2
立定跳远（厘米）	>102	102～89	88～75	74～60	59～50
网球掷远（米）	>8.5	8.5～6.0	5.5～4.5	4.0～3.5	3.0～2.5
双脚连续跳（秒）	<5.2	5.2～6.1	6.2～7.5	7.6～10.0	10.1～12.7
走平衡木（秒）	<4.1	4.1～5.7	5.8～8.2	8.3～14.0	14.1～23.7

表11　国民体质测试评价表（5.5岁男生）

项目	优	良	中	及格	差
坐位体前屈（厘米）	>14.4	14.4～11.0	10.9～7.6	7.5～3.3	3.2～1.0
10米折返跑（秒）	<6.2	6.2～6.7	6.8～7.3	7.4～8.5	8.6～10.0
立定跳远（厘米）	>119	119～103	102～90	89～70	69～56
网球掷远（米）	>10.0	10.0～8.0	7.5～6.0	5.5～4.0	3.5～3.0
双脚连续跳（秒）	<4.9	4.9～5.6	5.7～6.8	6.9～9.3	9.4～11.9
走平衡木（秒）	<3.3	3.3～4.5	4.6～6.7	6.8～12.0	12.1～19.2

表 12　国民体质测试评价表(5.5岁女生)

项目	优	良	中	及格	差
坐位体前屈(厘米)	＞16.7	16.7～13.0	12.9～9.7	9.6～5.5	5.4～3.0
10米折返跑(秒)	＜6.4	6.4～6.9	7.0～7.6	7.7～9.0	9.1～10.5
立定跳远(厘米)	＞109	109～96	95～82	81～66	65～54
网球掷远(米)	＞8.5	8.5～6.5	6.0～5.0	4.5～3.5	3.0
双脚连续跳(秒)	＜4.9	4.9～5.7	5.8～6.9	7.0～9.2	9.3～11.5
走平衡木(秒)	＜3.6	3.6～5.0	5.1～7.4	7.5～12.5	12.6～20.1

表 13　国民体质测试评价表(6岁男生)

项目	优	良	中	及格	差
坐位体前屈(厘米)	＞14.4	14.4～10.5	10.4～7.1	7.0～3.2	3.1～1.0
10米折返跑(秒)	＜5.8	5.8～6.2	6.3～6.8	6.9～7.9	8.0～9.4
立定跳远(厘米)	＞127	127～111	110～95	94～79	78～61
网球掷远(米)	＞12.0	12.0～9.5	9.0～7.0	6.5～4.5	4.0～3.5
双脚连续跳(秒)	＜4.4	4.4～5.1	5.2～6.1	6.2～8.2	8.3～10.4
走平衡木(秒)	＜2.7	2.7～3.7	3.8～5.3	5.4～9.3	9.4～16.0

表 14　国民体质测试评价表(6岁女生)

项目	优	良	中	及格	差
坐位体前屈(厘米)	＞16.7	16.7～13.0	12.9～9.6	9.5～5.4	5.3～3.0
10米折返跑(秒)	＜6.1	6.1～6.5	6.6～7.2	7.3～8.5	8.6～10.2
立定跳远(厘米)	＞116	116～101	100～87	86～71	70～60
网球掷远(米)	＞8.0	8.0～6.5	6.0～5.0	4.5～3.5	3.0
双脚连续跳(秒)	＜4.6	4.6～5.2	5.3～6.2	6.3～8.3	8.4～10.5
走平衡木(秒)	＜3.0	3.0～4.2	4.3～6.1	6.2～10.7	10.8～17.0

图书在版编目(CIP)数据

幼儿足球训练游戏/张光元,陆大江主编. —上海:复旦大学出版社,2021.3(2022.8 重印)
ISBN 978-7-309-15452-8

Ⅰ.①幼… Ⅱ.①张… ②陆… Ⅲ.①足球运动-学前教育-教学参考资料
Ⅳ.①G613.7

中国版本图书馆 CIP 数据核字(2021)第 049608 号

幼儿足球训练游戏
张光元 陆大江 主编
责任编辑/赵连光

复旦大学出版社有限公司出版发行
上海市国权路 579 号 邮编:200433
网址:fupnet@ fudanpress.com http://www.fudanpress.com
门市零售:86-21-65102580 团体订购:86-21-65104505
出版部电话:86-21-65642845
上海丽佳制版印刷有限公司

开本 890×1240 1/32 印张 6.125 字数 148 千
2021 年 3 月第 1 版
2022 年 8 月第 1 版第 2 次印刷

ISBN 978-7-309-15452-8/G·2192
定价:42.00 元